猫でもわかる

第1種衛生管理者
合格テキスト＋問題集

通信教育のSAT
代表取締役
二見 哲史 著

弘文社

はじめに

衛生管理者試験は以前は独学でも毎日 2 時間の学習で 1 か月もあれば合格できる資格でした。ところが，どの試験でもそうですが，年々難化していき，1 発で合格するのが難しくなってきました。

インターネット上には過去問題を繰り返し解けば簡単に合格できるといった情報があふれています。確かに，過去問題を 10 回分以上完璧に回答できるようになれば合格できるでしょう。しかし，いきなり過去問題に取り組むのは，実際に取り組まれた方はわかりますが，非常に労力と時間がかかります。

最速の学習法は基礎知識を身に付けた後に過去問に繰り返し取り組む方法です。

本書では――**猫でもわかる重要ポイント**――として，出題される要点を簡潔にまとめて解説しています。また，多数のゴロ合わせ・図解を取り入れ，初心者でもわかりやすくまた記憶に残りやすいように工夫しました。

試験によく出る重要問題では，出題頻度（重要度）の高い問題・最新問題にしっかりと対応できるように，過去 20 回分の過去問題より厳選しています。

本テキストを使用すれば，合格力が最短で身につきます。一人でも多く短期間で合格されることを祈っています。

もくじ

第2編　労働衛生（有害業務にかかるもの以外のもの）

第３編　労働生理

第４編　関係法令（有害業務にかかるもの）

第５編　労働衛生（有害業務に係るもの）

受験案内

※　内容は変更される場合があります。必ず事前に各自でご確認下さい。

1．受験資格について

(注：添付書類の「写」には「原本と相違ないことを証明する。」との事業者の原本証明が必要です。)

	受　験　資　格	添付書類
1－1	学校教育法による大学（短期大学を含む。）又は高等専門学校(注1)を卒業した者で，その後1年以上労働衛生の実務に従事した経験を有するもの	・卒業証明書（原本）又は卒業証書（学位記）の写(注7) ・事業者証明書
1－2	大学評価・学位授与機構により学士の学位を授与された者で，その後1年以上労働衛生の実務に従事した経験を有するもの	・学士の学位授与証明書（原本）又は学位記の写(注7) ・事業者証明書
1－3	省庁大学校(注2)を卒業（修了）した者で，その後1年以上労働衛生の実務に従事した経験を有するもの	・卒業証明書（原本），卒業証書の写(注7)又は修了証明書（原本）（課程が限定される場合は当該課程を修めたことを特記したもの） ・単位修得証明書等（学位取得に必要な所定単位を修得したことを特記したもの。）（※1－4の場合のみ） ・事業者証明書
1－4	専修学校の専門課程（2年以上・1700時間以上）の修了者（大学入学の有資格者に限る。）などで，その後大学等において大学評価・学位授与機構により学士の学位を授与されるのに必要な所定の単位を修得した者で，その後1年以上労働衛生の実務に従事した経験を有するもの	
1－5	指定を受けた専修学校の専門課程（4年以上）を一定日以後に修了した者など（学校教育法施行規則第155条第1項該当者）で，その後1年以上労働衛生の実務に従事した経験を有するもの	
2	学校教育法による高等学校又は中等教育学校　注3　を卒業した者で，その後3年以上労働衛生の実務に従事した経験を有するもの	・卒業証明書（原本）又は卒業証書の写(注7) ・事業者証明書
3	船員法による衛生管理者適任証書の交付を受けた者で，その後1年以上労働衛生の実務に従事した経験を有するもの	・衛生管理者適任証書の写(注7) ・事業者証明書

4	高等学校卒業程度認定試験に合格した者，外国において学校教育における 12 年の課程を修了した者など学校教育法施行規則第 150 条に規定する者で，その後 3 年以上労働衛生の実務に従事した経験を有するもの	・合格証の写等 (注 7) ・事業者証明書
5－1	専門課程又は特定専門課程の高度職業訓練のうち能開則別表第 6 により行われるもの (注 4) を修了した者で，その後 1 年以上労働衛生の実務に従事した経験を有するもの	・職業訓練修了証の写 (注 7) ・事業者証明書
5－2	応用課程の高度職業訓練のうち能開則別表第 7 により行われるものを修了した者で，その後 1 年以上労働衛生の実務に従事した経験を有するもの	
6	普通課程の普通職業訓練のうち能開則別表第 2 により行われるもの (注 4) を修了した者で，その後 3 年以上労働衛生の実務に従事した経験を有するもの	
7	旧専修訓練課程の普通職業訓練 (注 4) を修了した者で，その後 4 年以上労働衛生の実務に従事した経験を有するもの	
8	10 年以上労働衛生の実務に従事した経験を有するもの	・事業者証明書
9－1	外国において，学校教育における 14 年以上の課程を修了した者で，その後 1 年以上労働衛生の実務に従事した経験を有するもの	・卒業証明書（原本）又は卒業証書の写 (注 7) ・事業者証明書
9－2	特別支援学校（旧盲学校，聾学校又は養護学校）の高等部を卒業した者など学校教育法第 90 条第 1 項の通常の課程による 12 年の学校教育を修了した者で，その後 3 年以上労働衛生の実務に従事した経験を有するもの	・修了証明書（原本），卒業証明書（原本）又は卒業証書の写 (注 7) ・事業者証明書

(注 1) 高等専門学校には，専修学校・各種学校等は含まれません。

(注 2) 「省庁大学校」には，防衛大学校，防衛医科大学校，水産大学校，海上保安大学校，職業能力開発総合大学校の長期課程・総合課程，気象大学校の大学部，国立看護大学校の看護学部看護学科（各旧法令による同等のものを含む。）が該当します。

(注 3) 中等教育学校とは中高一貫教育の学校のことで，中学校ではありません。

(注 4) 改正前の法令により当該訓練と同等とみなされるものを含みます。

(注 5) 外国語で書かれた卒業証書の写，卒業証明書等を添付する場合は，その日本語訳も添付してください。

(注 6) 提出された添付書類は，返却いたしません。

(注 7) 添付書類の「写」には「原本と相違ないことを証明する。」との事業者の原本証明が必要です。

2．科目の免除を受けることのできる者

科目の免除を受けることのできる者	免除科目	手　続	添付書類
船員法による衛生管理者適任証書の交付を受けた者で，その後１年以上労働衛生の実務に従事した経験を有するもの	労働生理	受験申請書Ｂ欄の学科「一部免除」を○で囲み（労働生理）と記入する。	・受験資格の証明が添付されていれば不要

3．試験科目と試験時間について

種類	試験科目		出題数	試験時間
第一種 衛生管理者	関係法令	有害業務に係るもの	10 問	3 時間 （科目免除者は 2 時間 15 分）
		有害業務に係るもの以外のもの	7 問	
	労働衛生	有害業務に係るもの	10 問	
		有害業務に係るもの以外のもの	7 問	
	労働生理		10 問	
	合計		44 問	
特殊第一種 衛生管理者	関係法令（有害業務に係るものに限る）		10 問	2 時間
	労働衛生（有害業務に係るものに限る）		10 問	
第二種 衛生管理者	関係法令（有害業務に係るものを除く）		10 問	3 時間 （科目免除者は 2 時間 15 分）
	労働衛生（有害業務に係るものを除く）		10 問	
	労働生理		10 問	
	合計		30 問	

（注）特例第一種衛生管理者免許試験とは，第二種衛生管理者免許を受けた者が，第一種衛生管理者免許試験を受験する場合です。

4．合格基準

各科目ごとに 40％以上，かつ，全体の合計点が 60％以上であること。

この場合，第一種衛生管理者では，関係法令と労働衛生は，①有害業務に係るものと，②有害業務に係るもの以外のものに分かれていますが，①②それぞれで 40％以上でなければ，合格とはならないので注意が必要です。

5．合格率

一般的に，第一種が50％前後，第二種が60％前後となっています。

6．申請書の入手方法

安全衛生技術試験協会本部，各センターまたは免許試験受験申請書取扱機関一覧に示す団体（各地にある労働基準協会等）で無料配布しています。下記の最寄のセンターで確認してください。

あるいは，安全衛生技術センターに郵送での請求を依頼します。

その際は，「免許試験受験申請書（受験する試験の種類も書く）○部」と明記したメモ書と所定の返信用郵送料金分の切手を貼った宛先明記の返信用封筒（角型２号封筒縦34cm，横24cmの大きさ）を同封し，本部又は受験を希望する各安全衛生技術センターに申し込みます。

＜本部・各センター一覧＞

	住　所	電　話
公益財団法人 安全衛生技術試験協会	〒101-0065　東京都千代田区西神田 3-8-1 千代田ファーストビル東館９階	03-5275-1088
北海道安全衛生技術センター	〒061-1407　北海道恵庭市黄金北3-13	0123-34-1171
東北安全衛生技術センター	〒989-2427　宮城県岩沼市里の杜1-1-15	0223-23-3181
関東安全衛生技術センター	〒290-0011　千葉県市原市能満2089	0436-75-1141
中部安全衛生技術センター	〒477-0032　愛知県東海市加木屋町 丑寅海戸51-５	0562-33-1161
近畿安全衛生技術センター	〒675-0007　兵庫県加古川市神野町 西之山字迎野	079-438-8481
中国四国安全衛生技術センター	〒721-0955　広島県福山市新涯町 2-29-36	084-954-4661
九州安全衛生技術センター	〒839-0809　福岡県久留米市東合川 5-9-3	0942-43-3381

7．申　請

① 郵便（簡易書留）の場合

第１受験希望日の２か月前から14日前（消印）まで（定員に達したときは第２希望日になる）に郵送する。

② センター窓口へ持参する場合

直接提出先に第１受験希望日の２ヶ月前からセンターの休日を除く２日前まで（定員に達したときは第２希望日になる）に持参する。

（土曜日，日曜日，祝日，５月１日（創立記念休日），年末年始は休業なので，注意）

8．試験手数料

第一種，第二種とも，6,800円です。

本書の使い方

1　——猫でもわかる重要ポイント——に目を通し，各項目の概要・出題ポイントを軽く頭に入れよう

2　試験によく出る重要問題で，理解度を確認

3　1．2を繰り返すことで，合格力が早く身につく!!

第1章　労働安全衛生法

1　総則

労働安全衛生法（安衛法）は労働者の安全と健康を確保するとともに，快適な職場環境を形成することを目的として，昭和47年に労働基準法から分離独立したものです。

——猫でもわかる重要ポイント——

猫でもわかる重要ポイント

各項目について，「本試験でどのように出題されるか」を簡潔にまとめてあります。最初のうちは読み辛いかもしれませんが，繰り返し読むことで必ず理解できます

1 目的

この法律は労働基準法と相まって労働災害の防止の為の
(キ) 危害防止基準の確立，
(セ) 責任体制の明確化及び
(ジ) 自主的活動の促進の措置を講ずるなどその防止に関する総合的計画的な対策を推進することにより職場における労働者の
(ア) 安全と健康を確保するとともに，
(カ) 快適な職場環境の形成を促進することを目的とする。

安衛法の目的を図で表すと次ページの通りになります。図の中心にあるのが，安衛法の目的です。この目的を達成するために3つの方法があると考えてください。試験では上記の太字の個所が虫食い問題で出題されます。

覚え方　安衛法の目的

キ・セ・ジ・ア・カ
危害　責任　自主的　安全　快適

覚え方・これ重要

頻出事項や特に重要な項目をわかりやすく明示しています。ゴロ合わせ・イラストを多数収録し，理解（暗記）の手助けに活用してください

本試験によく出る重要問題

過去問題を分析し，頻出問題を厳選しました。繰り返し解いて実力アップ！

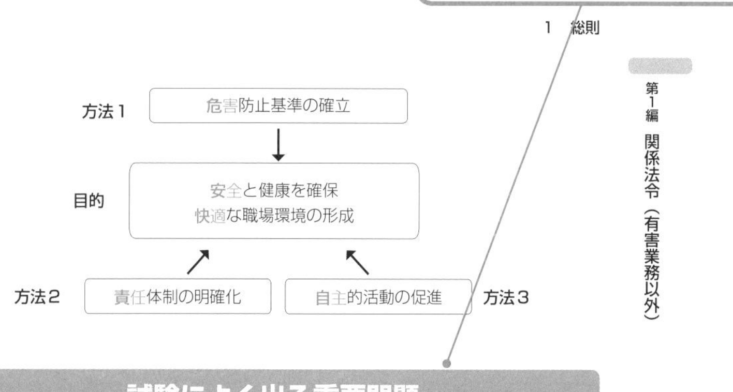

試験によく出る重要問題

問題1　**労働安全衛生法の目的に関する次の文中の［　　］内に入れるAからCの語句の組合せとして，法令上，正しいものは(1)～(5)のうちどれか。**

「この法律は，労働基準法と相まって，労働災害の防止のための危害防止基準の確立，［A］の明確化及び［B］の促進の措置を講ずる等その防止に関する総合的計画的な対策を推進することにより職場における労働者の安全と健康を確保するとともに，［C］の形成を促進することを目的とする。」

	A	B	C
(1)	責任体制	安全衛生管理	安全文化
(2)	責任体制	自主的活動	快適な職場環境
(3)	事業者責任	健康管理	快適な職場環境
(4)	管理体制	自主的活動	安全文化
(5)	管理体制	安全衛生管理	安全文化

模擬テスト

模擬テストで直前対策もバッチリ‼　この1冊で受験対策は完結します。

解答・解説

問題1　**解答**　(2)

目的条文の内容にあたります。前記覚え方をチェックしてください。

第１編

関係法令
（有害業務にかかるもの以外のもの）

この分野は第１種と第２種の共通科目になります。労働安全衛生法や労働安全衛生規則，労働基準法など関係法令という名前の通り多くの法律分野を学習します。この分野の難易度はそれほど高くありませんので，比較的スムーズに学習が進みます。

1 総則

労働安全衛生法（安衛法）は労働者の安全と健康を確保するとともに，快適な職場環境を形成することを目的として，昭和47年に労働基準法から分離独立したものです。

猫でもわかる重要ポイント

1 目的

この法律は労働基準法と相まって労働災害の防止の為の
(キ) 危害防止基準の確立，
(セ) 責任体制の明確化及び
(ジ) 自主的活動の促進の措置を講ずるなどその防止に関する総合的計画的な対策を推進することにより職場における労働者の
(ア) 安全と健康を確保するとともに，
(カ) 快適な職場環境の形成を促進することを目的とする。

安衛法の目的を図で表すと下図の通りになります。図の中心にあるのが，安衛法の目的です。この目的を達成するために3つの方法があると考えてください。試験では上記の太字の個所が虫食い問題で出題されます。

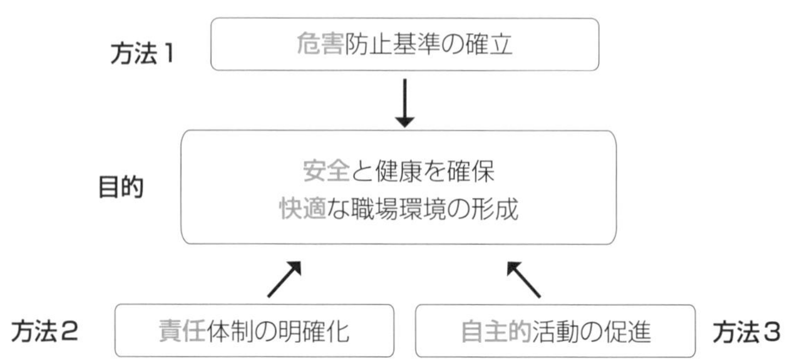

覚え方　安衛法の目的

キ・セ・ジ・ア・カ
危害　責任　自主的 安全　快適

試験によく出る重要問題

問題1　**労働安全衛生法の目的に関する次の文中の［　　］内に入れるAからCの語句の組合せとして，法令上，正しいものは⑴〜⑸のうちどれか。**

「この法律は，労働基準法と相まって，労働災害の防止のための危害防止基準の確立，［A］の明確化及び［B］の促進の措置を講ずる等その防止に関する総合的計画的な対策を推進することにより職場における労働者の安全と健康を確保するとともに，［C］の形成を促進することを目的とする。」

	A	B	C
⑴	責任体制	安全衛生管理	安全文化
⑵	責任体制	自主的活動	快適な職場環境
⑶	事業者責任	健康管理	快適な職場環境
⑷	管理体制	自主的活動	安全文化
⑸	管理体制	安全衛生管理	安全文化

解答・解説

問題1　解答　⑵
目的条文の内容にあたります。前記覚え方をチェックしてください。

2 安全衛生管理体制

安衛法の目的を達成するためには実際に管理する人や，監督の人材を確保しなければなりません。

猫でもわかる重要ポイント

安全衛生管理体制を図で表すと次のようになります。ここでは色字の役職が何をしているか，大ざっぱに気にしておいてください。

■安全衛生管理体制図

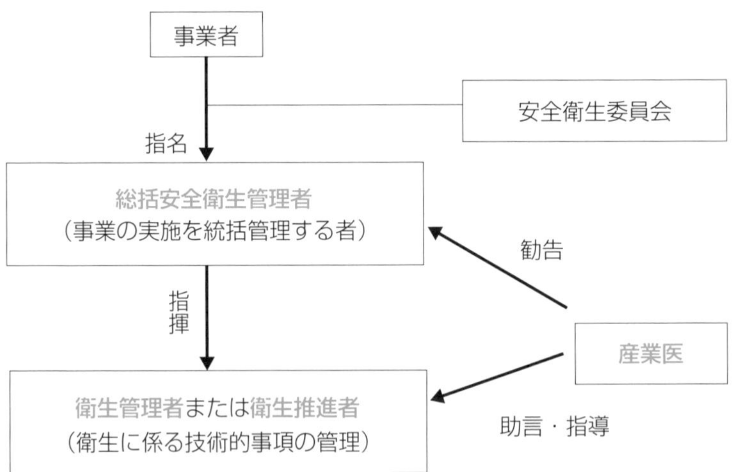

3 総括安全衛生管理者

総括安全衛生管理者は現場において安全衛生に関する業務を推進する管理者です。つまり安全衛生管理体制に関するすべてを統括する最高責任者です。工場長など現場の最高責任者が通常，事業者より指名されます。

猫でもわかる重要ポイント

1 主な職務（仕事内容）

安全管理者，衛生管理者の指揮，および次の安全衛生業務の統括管理を行います。

2 資格

事業を統括管理する者（工場長などが兼務することが多い）があたります。この際，経験，免許など資格要件は不要です。

・事業場あたり１名の選任が必要（業種と事業規模により選任基準が異なる）
・代理者の選任が必要（疾病，旅行，事故その他やむを得ない事由により職務を行うことができないとき）

3 選任時期

選任すべき事由が生じた日から14日以内に選任し，遅滞なく所轄労働基準監督署長に報告しなければなりません。

4 都道府県労働局長の勧告

都道府県労働局長が労働災害を防止するため必要があると認める時は，統括安全衛生管理者の業務の執行について事業者に勧告することができます。

試験によく出る重要問題

問題1　**総括安全衛生管理者に関する次の記述のうち，法令上，誤っているものはどれか。**

⑴総括安全衛生管理者は，事業場においてその事業の実施を統括管理する者に準ずる者を充てることができる。

⑵都道府県労働局長は，労働災害を防止するため必要があると認めるときは，総括安全衛生管理者の業務の執行について事業者に勧告することができる。

⑶総括安全衛生管理者は，選任すべき事由が発生した日から14日以内に選任しなければならない。

⑷総括安全衛生管理者を選任したときは，遅滞なく，選任報告書を，所轄労働基準監督署長に提出しなければならない。

⑸総括安全衛生管理者が旅行，疾病，事故その他やむを得ない事由によって職務を行うことができないときは，代理者を選任しなければならない。

解答・解説

問題1　解答　⑴

統括安全衛生管理者は，その事業の実施を統括管理する者を持って充てなければなりません。準ずる者では不可です。

4 衛生管理者

事業場の従業員数によって選任しなければならない衛生管理者の人数は必須問題です。

猫でもわかる重要ポイント

1 主な職務

総括安全衛生管理者の指揮のもとで，衛生に関する次の技術的事項の管理を行います。

①労働者の危険又は健康障害を防止するための措置に関すること
②労働者の安全又は衛生のための教育の実施に関すること
③健康診断の実施その他健康の保持増進のための措置に関すること
④労働災害の原因の調査および再発防止対策に関すること
⑤安全衛生に関する方針の表明に関すること
⑥安全衛生に関する計画の作成，実施，評価及び改善に関すること
⑦その他労働災害を防止するために必要な業務で，厚生労働省令で定めるもの

覚え方　衛生管理者の職務と後述する衛生委員会の付議事項

ケ・サ・ア・エ（今朝会え）
健　災　安　衛

は危険
危険

2 定期巡視

衛生管理者は，少なくとも毎週１回作業場を巡視し，設備，作業方法又は衛生状態に有害のおそれがあるときは，直ちに必要な措置を講じなければなりません。

3 選任時期

選任すべき事由が生じた日から14日以内に選任し，遅滞なく所轄労働基準監督署長に報告しなければなりません。

5 産業医

産業医の専属要件は必須です。その他産業医の職務内容についても覚えておきましょう。

猫でもわかる重要ポイント

1 主な職務

①健康診断及び面接指導等の実施並びにこれらの結果に基づく労働者の健康を保持するための措置に関すること
②作業環境の維持管理に関すること
③作業の管理に関すること
⇒事業者は産業医の具体的内容を周知する必要がある他，労働者の健康管理等に必要な情報を産業医に提供しなければならない

2 定期巡視

少なくとも毎月１回作業場を巡視する必要があります。（事業者から毎月１回以上所定の情報が提供されており，事業者の同意がある場合は，少なくとも２か月に１回）

覚え方 産業医の巡視期間の覚え方

医者は偉いので，衛生管理者よりも巡視回数が少ない

3 選任時期

選任すべき事由が生じた日から14日以内に選任し，遅滞なく所轄労働基準監督署長に報告しなければなりません

6 衛生推進者

10 人以上 50 人未満の事業場で選任しなければなりません。選任後は氏名を作業場の見やすい箇所に設置し労働者に周知する必要があります。

猫でもわかる重要ポイント

1 選任要件

常時 10 人以上 50 人未満の労働者を使用する事業場（小規模）では衛生推進者を選任しなければなりません。

2 主な職務

職務内容は，衛生管理者とほぼ同じです。

3 定期巡視

巡視義務はありません。

4 選任時期

選任すべき事由が生じた日から **14 日以内**に選任しなければなりません。但し，労働基準監督署長への**報告義務はありません**

試験によく出る重要問題

問題 1　**事業者が衛生管理者に管理させるべき業務として，法令上，定められていないものは次のうちどれか。**

(1)　安全衛生に関する方針の表明に関する業務のうち，衛生に係る技術的事項を管理すること。

(2)　健康診断の実施その他健康の保持増進のための措置に関する業務のうち，衛生に係る技術的事項を管理すること。

(3)　労働者の安全又は衛生のための教育の実施に関する業務のうち，衛生に係る技術的事項を管理すること。

(4)　労働災害の原因の調査及び再発防止対策に関する業務のうち，衛生に係る技術的事項を管理すること。

(5)　労働者の健康を確保するため必要があると認めるとき，事業者に対し，労働者の健康管理等について必要な勧告をすること。

問題 2　**事業者が衛生管理者に管理させるべき業務として，法令上，誤っているものは次のうちどれか。ただし，次のそれぞれの業務のうち衛生に係る技術的事項に限るものとする。**

(1)　衛生推進者の指揮に関すること。

(2)　安全衛生に関する方針の表明に関すること。

(3)　安全衛生に関する計画の作成，実施，評価及び改善に関すること。

(4)　労働者の衛生のための教育の実施に関すること。

(5)　労働災害の原因の調査及び再発防止対策に関すること。

問題 3　**衛生管理者の職務に関する次の文中の［　　］内に入れるAからCの語句の組合せとして，法令上，正しいものは(1)～(5)のうちのどれか。**

「常時50人以上の労働者を使用する事業場の事業者は，衛生管理者を選任し，その者に［ A ］が統括管理すべき業務のうち，衛生に係る技術的事項を管理させなければならない。衛生管理者は，少なくとも［ B ］作業現場を巡視し，設備，作業方法又は［ C ］に有害のおそれがあるときは，直ちに，労働者の健康障害を防止するため必要な措置を講じなければならない。」

	A	B	C
(1)	総括安全衛生管理者	毎週１回	衛生状態
(2)	総括安全衛生管理者	毎月１回	作業環境
(3)	総括安全衛生責任者	毎週１回	作業条件
(4)	産業医	毎週１回	作業環境
(5)	産業医	毎月１回	衛生状態

問題4　衛生管理者に関する次の記述のうち，法令上，誤っているものはどれか。

(1)　事業者は，衛生管理者に，労働者の危険又は健康障害を防止するための措置に関すること等の業務のうち衛生に係る技術的事項を管理させなければならない。

(2)　事業者は，衛生管理者に対し，衛生に関する措置をなし得る権限を与えなければならない。

(3)　衛生管理者は，少なくとも毎月１回作業場等を巡視し，設備，作業方法等に有害のおそれがあるときは，直ちに，労働者の健康障害を防止するため必要な措置を講じなければならない。

(4)　事業者は，衛生管理者を選任すべき事由が発生した日から14日以内に選任しなければならない。

(5)　所轄労働基準監督署長は，労働災害を防止するため必要があると認めるときは，事業者に対し，衛生管理者の増員又は解任を命ずることができる。

解答・解説

問題1　**解答**　(5)

衛生管理者の業務に事業者に対する勧告は含まれていません。勧告できるのは産業医です。

問題2　**解答**　(1)

衛生管理者の業務に衛生推進者の指揮は含まれていません。

問題3　**解答**　(1)

問題4　**解答**　(3)

衛生管理者は少なくとも毎「週」１回，作業場を巡視する義務があります。

7 衛生委員会

労働者の健康障害を防止するため，衛生に関する重要事項を調査・審議し，事業者に対して意見を述べる場です。衛生委員会と安全委員会を兼ねて安全衛生委員会とすることも可能です。

猫でもわかる重要ポイント

1 衛生委員会の付議事項

衛生委員会では次の内容について審議します。

1．労働者の健康障害を防止するための基本となるべき対策に関すること

2．労働者の健康の保持増進を図るための基本となるべき対策に関すること

3．労働災害の原因および再発防止対策で，衛生に係るものに関すること

4．その他労働者の健康障害の防止および健康の保持増進に関する重要事項

・衛生に関する規定の作成に関すること

・危険性または有害性などの調査およびその結果に基づき講ずる措置（リスクアセスメント等）のうち，衛生に係るものに関すること

・安全衛生に関する計画（衛生に係る部分に限る）の作成，実施，評価および改善に関すること

・衛生教育の実施計画の作成に関すること

・長時間にわたる労働による労働者の健康障害の防止を図るための対策の樹立に関すること

・労働者の精神的健康の保持増進を図るための対策の樹立に関すること（ストレスチェック含む）他

覚え方 衛生管理者の職務と衛生委員会の付議事項

ケ・サ・ア・エ（今朝会え）は危険
健 災 安 衛 危険

参考
- 事業者は，産業医が辞任したとき又は産業医を解任したときは，衛生委員会に報告する必要あり
- 事業者は，産業医から勧告を受けたときは，衛生委員会に報告する必要あり
- 産業医は，衛生委員会等に対して，労働者の健康を確保する観点から，必要な調査審議を求めることができる

2 設置基準

50人以上の事業場で設置します。（業種を問わず！）

3 委員構成

①議長（1人）

総括安全衛生管理者又は事業の実施を統括する者（準ずる者でも可）が就きます。衛生管理者である必要はありません。

②議長以外の委員

・議長以外の委員の半数は労働組合等の推薦に基づき事業者が指名しなければならない

・衛生管理者，産業医は必ず各1人は指名しなければならない（専属不要！）

・事業場の衛生管理者が全て委員になる必要なし！

・衛生管理者として選任されている専属ではない労働衛生コンサルタントでもOK！

③その他の委員

・その他事業者が指名した者
・作業環境測定士を委員として指名できる（作業環境測定機関の作業環境測定士を除く）
・社外はだめ！

■衛生委員会の委員構成

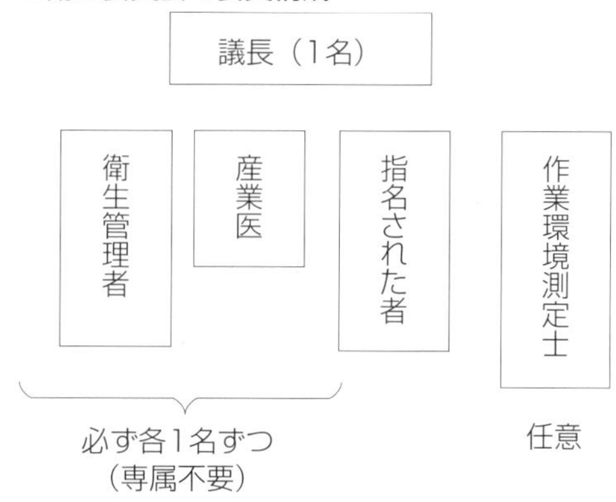

4 その他

開　催：毎月１回以上

議事録：３年間保存する

議事の概要については開催の都度，遅滞なく労働者に周知させなければなりません。

記録の内容：重要な議事

①委員会の意見及びその意見を踏まえて講じた措置の内容

②上記のほか，委員会における議事で重要なもの

参考　記録の保存関係は原則３年間が多い！

《例外の一部》

- 健康診断⇒５年間（特定のものを除く）
- 安全衛生教育⇒不要（特別の教育３年間）
- 医師の面接指導⇒５年間
- 石綿業務の保存関係⇒40年間

本試験によく出る重要問題

問題1　衛生委員会に関する次の記述のうち，法令上，誤っているものはどれか。

(1)　衛生委員会の議長を除く全委員については，事業場に労働者の過半数で組織する労働組合がないときは，労働者の過半数を代表する者の推薦に基づき指名しなければならない。

(2)　衛生委員会の議長は，原則として，総括安全衛生管理者又は総括安全衛生管理者以外の者で事業場においてその事業の実施を統括管理するもの若しくはこれに準ずる者のうちから事業者が指名した委員がなる。

(3)　事業場に専属ではないが，衛生管理者として選任している労働衛生コンサルタントを，衛生委員会の委員として指名することができる。

(4)　衛生委員会の開催の都度，遅滞なく，委員会における議事の概要を，書面の交付等一定の方法によって労働者に周知させなければならない。

(5)　衛生委員会の議事で重要なものについては，記録を作成し，3年間保存しなければならない。

問題2　衛生委員会に関する次の記述のうち，法令上，正しいものはどれか。

(1)　衛生委員会は，工業的業種の事業場では常時50人以上，非工業的業種の事業場では常時80人以上の労働者を使用する事業場において設置しなければならない。

(2)　衛生委員会及び安全委員会の設置に代えて安全衛生委員会を設置することはできない。

(3)　事業場で選任している衛生管理者は，すべて衛生委員会の委員としなければならない。

(4)　衛生委員会の議長となる委員は，原則として，衛生管理者のうちから事業者が指名した者である。

(5)　衛生委員会の委員として指名する産業医は，その事業場に専属の者でなくてもよい。

問題3 衛生委員会に関する次の記述のうち，法令上，正しいものはどれか。

(1) 衛生委員会の議長は，衛生管理者である委員のうちから，事業者が指名しなければならない。

(2) 衛生委員会の議長を除く全委員は，事業場に労働者の過半数で組織する労働組合がないときは，労働者の過半数を代表する者の推薦に基づき指名しなければならない。

(3) 衛生管理者として選任しているが事業場に専属ではない労働衛生コンサルタントを，衛生委員会の委員として指名することはできない。

(4) 衛生委員会の付議事項には，長時間にわたる労働による労働者の健康障害の防止を図るための対策の樹立に関することが含まれる。

(5) 衛生委員会は，6か月以内ごとに1回開催し，委員会における重要な議事に係る記録を作成して3年間保存しなければならない。

解答・解説

問題1 解答 (1)

全委員ではなく，議長を除く半数の委員を指名しなければなりません。

問題2 解答 (5)

(1)衛生委員会は業種に限らず，50人以上の労働者を使用する事業場において設置しなければなりません。

(2)衛生委員会及び安全委員会の設置に代えて安全衛生委員会を設置することは可能です。

(3)すべてではなく少なくとも1人を衛生委員会の委員にしなければなりません。

(4)衛生委員会の議長は，衛生管理者でなくても構いません。

問題3 解答 (4)

(1)衛生委員会の議長は「統括安全衛生管理」または「それ以外の者」で事業の実施を統括する者，もしくはこれに準ずる者のうちから，事業者が指名します。

(2)全委員ではなく，議長を除く半数の委員を指名しなければなりません。

(3)衛生管理者として選任されている労働衛生コンサルタントであれば，委員としての指名は可能です。

(5)衛生委員会は毎月1回以上開催しなければなりません。

8 安全衛生教育

事業場の規模や使用期間にかかわらず，実施しなければなりません。ただし，危険性が少ない業種に対しては，一定の条件を満たせば一部省略することができます。

猫でもわかる重要ポイント

1 安全または衛生のための安全衛生教育の種類

雇入れ時の教育

労働者の雇い入れ時又は作業内容の変更時に行います。雇用期間の長短にかかわらず全業種すべての労働者に対して行います。教育記録の作成，保存は不要です。

注意）雇用期間が１日でも雇用人数が１人でも必要

2 雇入れ時の教育内容

雇い入れ時の安全衛生教育	
①　機械，有害物等の危険有害性の取扱方法	要件を満たした場合省略可！
②　安全装置，制御装置，保護具等の取扱方法	
③　作業手順	
④　作業開始時の点検	
⑤　当該業務による疾病の原因及び予防対策	省略不可
⑥　整理，整頓，清潔の保持	
⑦　事故発生時の緊急措置と避難方法	
⑧　その他安全衛生に必要なこと	

①～④の教育内容を省略できる場合

・充分な知識及び技能を有していると認められる労働者

・その他の業種（金融業，警備業など）の労働者

　→ **労働災害の発生危険性が少ない業種**（事務労働が主体）

省略不可の業種　過去の出題例

旅館業，百貨店（各種小売業），通信業，ゴルフ場他

9 健康診断

事業者には健康診断を実施する義務があります。そして従業員は受診する義務があります。

猫でもわかる重要ポイント

1 一般健康診断の種類（健康診断を実施する時期について特におさえておきましょう。）

■健康診断の種類

健康診断名	対象者	実施時期
雇入れ時の健康診断	常時使用労働者	雇入れの際 過去3か月以内に健診を実施し証明される場合には省略可能
定期健康診断	常時使用労働者	1年以内ごとに1回
特定業務従事者健康診断	深夜業務，有害業務従事者	6か月以内ごとに1回 （胸部エックス線検査は1年以内ごとに1回で可）
海外派遣労働者健康診断	6か月以上派遣される者 派遣されていた者	海外に出国前，帰国後 （血液型），（検便）
給食従事者の検便	給食従事者	雇入れ時，配置換えの際
歯科医師による健康診断	塩酸，硫酸，硝酸，弗化水素 黄りんなどの業務従事者	雇入れ時，配置換えの際 6か月以内ごとに1回

2 雇入時の健康診断と定期健康診断

雇い入れ時の健康診断は定期健康診断のような「医師が必要でないと認めるときは省略できる」という項目はありません。ここでは2つの健康診断の違いをおさえておきましょう。

雇入時の健康診断と定期健康診断

	検診項目	検診項目の省略	結果報告
雇入れ時の健康診断	①既往歴及び業務歴の調査 ②自覚症状及び他覚症状の有無 ③身長，体重，腹囲，視力及び聴力 ④胸部エックス線検査 ⑤血圧の測定 ⑥血色素量及び赤血球数（貧血検査） ⑦肝機能検査 ⑧血中脂質検査 ⑨血糖検査 ⑩尿検査 ⑪心電図検査	原則省略不可 ただし，3か月以内に健康診断を実施し，その証明書を提出したときは該当項目の省略ができる	不要
定期健康診断	雇い入れ時の健康診断と原則同じ 例外：喀痰（かくたん）検査がある	省略できないもの ①既往歴及び業務歴の調査 ②自覚症状及び他覚症状の有無 ③血圧の測定 ④体重・視力・聴力 ⑤尿検査	所轄労基署へ必要 50人以上の事業場

健康記録の保管は5年間（健康個人票を作成）で健康診断の結果の通知は遅滞なくすべての労働者に通知しなければなりません。

また，健康診断の結果，異常所見が認められた労働者について，健康を保持するために必要な措置について事業者が医師または歯科医師から行う意見聴取は3か月以内に実施しなければなりません。

本試験によくでる重要問題

問題1　労働安全衛生規則に基づく次の定期健康診断の項目のうち，厚生労働大臣が定める基準に基づき，医師が必要でないと認めるときに省略することができる項目に該当しないものはどれか。

(1)　身長の検査
(2)　肝機能検査
(3)　尿検査
(4)　心電図検査
(5)　血中脂質検査

問題2　労働安全衛生規則に基づく医師による雇入時の健康診断に関する次の記述のうち，誤っているものはどれか。

(1)　医師による健康診断を受けた後，3か月を経過しない者を雇い入れる場合，その健康診断の結果を証明する書面の提出があったときは，その健康診断の項目に相当する雇入時の健康診断の項目を省略することができる。
(2)　雇入時の健康診断では，40歳未満の者について医師が必要でないと認めるときは，貧血検査，肝機能検査等一定の検査項目を省略することができる。
(3)　事業場において実施した雇入時の健康診断の項目に異常の所見があると診断された労働者については，その結果に基づき，健康を保持するために必要な措置について，健康診断実施日から3か月以内に，医師の意見を聴かなければならない。
(4)　雇入時の健康診断の結果に基づき健康診断個人票を作成し，5年間保存しなければならない。
(5)　常時50人以上の労働者を使用する事業場であっても，雇入時の健康診断の結果については，所轄労働基準監督署長に報告する必要はない。

問題3　労働安全衛生規則に基づく次の定期健康診断の項目のうち，厚生労働大臣が定める基準に基づき，医師が必要でないと認めるときに省略することができる項目に該当しないものはどれか。

(1)　身長の検査
(2)　血圧の測定
(3)　貧血検査
(4)　心電図検査
(5)　血中脂質検査

問題4　**労働安全衛生規則に規定されている医師による健康診断について，法令に違反しているものは次のうちどれか。**

(1)　雇入時の健康診断において，35歳未満の者については，医師の意見を聴いて，貧血検査及び心電図検査を省略している。

(2)　深夜業を含む業務に常時従事する労働者に対し，6か月以内ごとに1回，定期に健康診断を行っているが，胸部エックス線検査については，1年以内ごとに1回しか行っていない。

(3)　海外に6か月以上派遣して帰国した労働者について，国内の業務に就かせるとき，一時的な就業の場合を除いて，海外派遣労働者健康診断を行っている。

(4)　常時50人の労働者を使用する事業場において，雇入時の健康診断の結果について，所轄労働基準監督署長に報告を行っていない。

(5)　常時40人の労働者を使用する事業場において，定期健康診断の結果について，所轄労働基準監督署長に報告を行っていない。

解答・解説

問題1　**解答**　(3)

尿検査は省略することができません。

問題2　**解答**　(2)

雇入れ時の健康診断の項目は，医師の判断では省略することはできません。

問題3　**解答**　(2)

血圧の測定は，定期健康診断では原則として省略できません。

問題4　**解答**　(1)

雇入時の健康診断では，原則として省略できる項目はありません。

10 面接指導

安衛法により，脳や心臓疾患の発症を予防するため，長時間にわたる労働により疲労の蓄積した労働者に対し，事業者は医師による面接指導を実施することが義務付けられています。

猫でもわかる重要ポイント

1 面接指導

事業者は労働者の週 40 時間を超える労働が 1 か月あたり **80 時間**を超え，かつ**疲労の蓄積**が認められる労働者から**申し出を受けた**ときは**遅滞なく**医師による面接指導を行わなければなりません。

・事業者は時間外・休日労働時間の算定を行ったときは，当該超えた時間が**1 月当たり 80 時間を越えた労働者本人**に対して，速やかに当該超えた時間に関する情報を通知しなければならない

・面接指導を行う医師は事業場の産業医に限られず他の事業所の医師でもよい

・事業者は面接指導の結果を記録し，これを**5 年間**保存しなければならない。

→「健康診断個人票」に記載する必要はない

・事業者は面接指導実施後，**遅滞なく**医師の意見を聞かなければならない

本試験によく出る重要問題

問題1　労働時間の状況等が一定の要件に該当する労働者に対して，法令により実施すること義務付けられている医師による面接指導に関する次の記述のうち，誤っているものはどれか。

(1)　面接指導の対象となる労働者の要件は，原則として，休憩時間を除き1週40時間を超えて労働させた場合におけるその超えた時間が1か月当たり80時間を超え，かつ，疲労の蓄積が認められることである。

(2)　面接指導は，労働時間の状況等が一定の要件に該当する労働者の申出により行われる。

(3)　医師は，対象となる労働者の面接指導を行うに当たり，勤務の状況，疲労の蓄積の状況の他，心身の状況について確認を行う。

(4)　事業者は，面接指導の結果に基づき，労働者の健康を保持するため必要な措置について，面接指導が行われた後，遅滞なく，医師の意見を聴かなければならない。

(5)　面接指導を行う医師として事業者が指定することのできる医師は，当該事業場の産業医に限られる。

問題2　労働時間の状況等が一定の要件に該当する労働者に対して，法令により実施することが義務付けられている医師による面接指導に関する次の文中の［　　］内に入れるAからCの語句又は数字の組合せとして，正しいものは(1)～(5)のうちどれか。

「事業者は，原則として，休憩時間を除き1週間当たり40時間を超えて労働させた場合におけるその超えた時間が1か月当たり80時間を超え，かつ，［　A　］が認められる労働者から申出があった［　B　］，医師による面接指導を行い，その結果に基づき記録を作成し，［　C　］年間保存しなければならない。」

	A	B	C
(1)	疲労の蓄積	ときは遅滞なく	3
(2)	疲労の蓄積	ときは遅滞なく	5
(3)	疲労の蓄積	日から3か月以内に	5
(4)	メンタルヘルスの不調	ときは遅滞なく	3
(5)	メンタルヘルスの不調	日から3か月以内に	5

問題3　労働時間の状況等が一定の要件に該当する労働者に対して，法令により実施することが義務付けられている医師による面接指導に関する次の記述のうち，正しいものはどれか。

⑴　面接指導の対象となる労働者の要件は，原則として，休憩時間を除き，1週間当たり40時間を超えて労働させた場合におけるその超えた時間が1か月当たり120時間を超え，かつ，疲労の蓄積が認められることである。

⑵　面接指導は，その対象となる要件に該当する労働者の申出により行われる。

⑶　面接指導を行う医師として事業者が指定することのできる医師は，当該事業場の産業医に限られる。

⑷　事業者は，面接指導の結果に基づき，労働者の健康を保持するため必要な措置について，面接指導実施日から3か月以内に，医師の意見を聴かなければならない。

⑸　面接指導の結果に基づいて作成した記録の保存期間は，3年間である。

問題4　労働時間の状況等が一定の要件に該当する労働者に対して，法令により実施することが義務付けられている医師による面接指導に関する次の記述のうち，誤っているものはどれか。

⑴　面接指導の対象となる労働者の要件は，原則として，休憩時間を除き1週40時間を超えて労働させた場合におけるその超えた時間が1か月当たり80時間を超え，かつ，疲労の蓄積が認められることである。

⑵　事業者は，要件に該当する労働者の申出がなくても，面接指導を行わなければならない。

⑶　労働者は，事業者の指定した医師による面接指導を希望しない場合は，他の医師の行う面接指導を受け，その結果を証明する書面を事業者に提出することができる。

⑷　事業者は，面接指導の結果に基づき，労働者の健康を保持するために必要な措置について，面接指導実施後遅滞なく，医師の意見を聴かなければならない。

⑸　事業者は，面接指導の結果に基づき，その記録を作成し，5年間保存しなければならない。

解答・解説

問題1　**解答**　(5)

面接指導を行う医師は産業医には限りません。他事業所の医師でも構いません。

問題2　**解答**　(2)

問題3　**解答**　(2)

(1)一か月あたり 80 時間を超えた場合です。

(3)面接指導は，他事業所の医師が行っても構いません。

(4)面接実施後遅滞なく医師の意見を聴かなければなりません。

(5)記録の保存期間は 5 年です。

問題4　**解答**　(2)

面接指導は労働者の申し出により行います。

11 労働者死傷病報告書

労働者死傷病報告書とは，労働災害等の原因により労働者が死亡または休業した場合に提出するものです。原因の分析や再発防止のために生かされます。

猫でもわかる重要ポイント

労働者が労働災害その他就業中の事故により死亡または4日以上，休業した時は遅滞なく所定の報告書を所轄労働基準監督署長に提出しなければなりません。休業日数が4日以上と未満で提出する頻度が異なることに注意しましょう。

休業日数4日以上　⇒　遅滞なく提出
休業日数4日未満　⇒　四半期ごと1回提出

なお，派遣事業の場合の労働者死傷病報告は派遣元・派遣先双方がそれぞれの所轄労働基準監督署長に提出しなければなりません。

12 ストレスチェック

自分のストレスがどのような状態にあるのかを調べる簡単な検査です。労働者が 50 人以上いる事業所では，毎年 1 回，この検査を全ての労働者に対して実施することが義務付けられました。

猫でもわかる重要ポイント

1 ストレスチェックの目的

労働者の心理的・精神的な心の負担の程度を把握するための検査のことであり，メンタルヘルス不調の未然防止が目的です。（メンタルヘルス不調者の発見が主目的ではありません）

衛生委員会の付議事項としてストレスチェック制度について調査審議を行います。

2 実施義務・方法

医師（産業医が望ましい）及び保健師，必要な研修を修了した歯科医師，看護師，精神保健福祉士，公認心理師などが実施者となり 1 年以内ごとに 1 回定期に行います（従業員 50 人未満の事業場は当面努力義務）。

実施方法としては次の 3 項目を必須として質問式の調査を実施します。

①仕事のストレス要因

②ストレスによる心身の自覚症状

③周囲の他の労働者の支援（サポート）

3 実施後の措置

・事業者は労働者の同意を得て，結果の記録を作成し 5 年間の保存義務
・実施結果は直接労働者に通知され，本人の同意なく事業者には提供されない
・事業者は高ストレス者等に該当する労働者からの申し出により，面接指導を

実施しなければならない
（面接指導結果は5年間の保存義務あり）

・ストレスチェック及び面接指導の実施状況を，事業者は労働基準監督署長に報告義務がある。

4 健康情報等の取り扱い

・事業者は，労働者の心身の状態に関する情報（健康情報等）の適正な取扱いのために，労使の協議により各種情報を取り扱う目的，方法，権限等について取扱規程に定め，労働者に周知する必要がある。

※健康情報等…健康診断の結果，ストレスチェックの結果，長時間労働者への医師による面接指導の結果他

取扱規程に定める事項

⑴健康情報等を取り扱う目的及び取扱方法
⑵健康情報等を取り扱う者及びその権限並びに取り扱う健康情報等の範囲
⑶健康情報等を取り扱う目的等の通知方法及び本人の同意取得
⑷健康情報等の適正管理の方法
⑸健康情報等の開示，訂正等の方法
⑹健康情報等の第三者提供の方法
⑺事業承継，組織変更に伴う健康情報等の引継ぎに関する事項
⑻健康情報等の取扱いに関する苦情処理
⑼取扱規程の労働者への周知の方法

本試験によく出る重要問題

問題 1　**労働安全衛生法に基づく心理的な負担の程度を把握するための検査（以下「ストレスチェック」という。）及びその結果等に応じて実施される医師による面接指導に関する次の記述のうち，法令上，正しいものはどれか。**

(1) すべての事業者は，常時使用する労働者に対し，1年以内ごとに1回，定期に，ストレスチェックを行わなければならない。

(2) 事業者は，ストレスチェックの結果が，衛生管理者及びストレスチェックを受けた労働者に通知されるようにしなければならない。

(3) 労働者に対するストレスチェックの事項は，「当該労働者の心理的な負担の原因」，「当該労働者の心理的な負担による心身の自覚症状」及び「他の労働者による当該労働者への支援」に関する項目である。

(4) 事業者は，ストレスチェックの結果，心理的な負担の程度が高い労働者全員に対し，医師による面接指導を行わなければならない。

(5) 事業者は，医師による面接指導の結果に基づき，当該面接指導の結果の記録を作成し，これを3年間保存しなければならない。

解答・解説

問題 1　**解答**　(3)

(1)従業員が 50 人未満の事業場では，当面は努力義務となっています。
(2)ストレスチェックの結果は，直接労働者に通知されます。
(4)事業者は心理的な負担の程度が高い労働者からの申し出により，面接指導を行わなければなりません
(5)面接指導の結果は 5 年間保存します。

1 労働安全衛生規則(一般的な衛生基準)

労働安全衛生規則とは「労働安全衛生法」に基づき制定した，労働環境の安全・衛生などの確保を目的としています。

猫でもわかる重要ポイント

これ重要！

気積	労働者1人あたり 10 m^3 （4 m を超える高さ，設備の占める容積は除く） 床面積×天井の高さで計算，換気の計算をする時に必要
換気	直接外気に向かって開放することのできる部分の面積が常時床面積の 1/20 以上必要（ただし，充分な換気が可能であればこの限りでない） 室内気温が 10 ℃以下の場合，換気の時に 1 m/秒以上の気流にさらさない。
照度	精密な作業 300 ルクス以上， 普通の作業 150 ルクス以上，粗な作業 70 ルクス以上
照明設備	6か月以内に1回点検
休養室	男女合計 50 人以上又は女性 30 人以上で臥床（がしょう）できる（横になれる）休養室を男女別に設置
便所	男子（大）60 人以内に1個，男子（小）30 人以内に1個，女子 20 人以内に1個
大掃除	6か月に1回（ねずみ，昆虫など発生，被害状況の調査，駆除等必要な措置）
食堂面積	1人あたり 1 m^2，1回 100 食以上，1日 250 食以上で栄養士が必要（努力義務）
気温・湿度	坑内の気温は 37 ℃以下にしなければならない。半月以内ごとに1回の作業環境測定
炊事従業員	専用の休憩室，便所を設ける

本試験によく出る重要問題

問題1　事業場の建築物，施設等に関する措置について，労働安全衛生規則の衛生基準に違反していないものは次のうちどれか。

(1)　常時50人の労働者を就業させている屋内作業場の気積が，設備の占める容積及び床面から4 mを超える高さにある空間を除き400 m^3となっている。

(2)　日常行う清掃のほか，1年に1回，定期に大掃除を行っている。

(3)　常時男性5人，女性30人の労働者を使用している事業場で，労働者が臥床することのできる休養室又は休養所を男女別に設けていない。

(4)　事業場に附属する食堂の炊事従業員について，専用の便所を設けているほか，一般従業員と共用の休憩室を設けている。

(5)　労働者を常時就業させる場所の作業面の照度を，精密な作業については350ルクス，粗な作業については150ルクスとしている。

問題2　事業場の建築物，施設等に関する措置について，労働安全衛生規則の衛生基準に違反しているものは次のうちどれか。

(1)　60人の労働者を常時就業させている屋内作業場の気積が，設備の占める容積及び床面から3 mを超える高さにある空間を除き600 m^3となっている。

(2)　ねずみ，昆虫等の発生場所，生息場所及び侵入経路並びにねずみ，昆虫等による被害の状況について，6か月以内ごとに1回，定期に統一的に調査を実施し，その調査結果に基づき必要な措置を講じている。

(3)　事業場に附属する食堂の床面積を，食事の際の1人について，1.5 m^2となるようにしている。

(4)　労働衛生上有害な業務を行っていない屋内作業場で，直接外気に向かって開放することのできる窓の面積が常時床面積の15分の1であるものに，換気設備を設けていない。

(5)　男性5人と女性55人の労働者を常時使用している事業場で，女性用には臥床できる休養室を設けているが，男性用には休養室や休養所を設けていない。

問題3　事業場の建築物，施設等に関する措置について，労働安全衛生規則の衛生基準に違反しているものは次のうちどれか。

⑴　常時60人の労働者を就業させている屋内作業場の気積が，設備の占める容積及び床面から4 mを超える高さにある空間を除き600 m^3となっている。

⑵　ねずみ，昆虫等の発生場所，生息場所及び侵入経路並びにねずみ，昆虫等による被害の状況について，6か月以内ごとに1回，定期に，統一的に調査を実施し，その調査結果に基づき，必要な措置を講じている。

⑶　常時男性5人と女性25人の労働者が就業している事業場で，女性用の臥(が)床できる休養室を設けているが，男性用には，休養室の代わりに休憩設備を利用させている。

⑷　有害業務を行っていない屋内作業場で，窓その他の開口部の直接外気に向かって開放することができる部分の面積が，常時床面積の1/15であるものに，換気設備を設けていない。

⑸　事業場に附属する食堂の炊事従業員について，専用の便所を設けているが，専用の休憩室は設けていない。

解答・解説

問題1　解答　⑸

⑴一人当たり10 m^3以上の気積が必要なので500 m^3以上が必要です

⑵定期の大掃除は「6ヶ月以内ごとに1回」実施する必要があります

⑶常時使用労働者数50人以上，または常時使用女性労働者30人以上の事業場では「男女別」に臥床できる休養室が必要です

⑷炊事従業員「専用」の休憩室が必要です

問題2　解答　⑸

男女合計50人以上又は女性30人以上で男女別の休憩室を設置する必要があります

問題3　解答　⑸

炊事従業員「専用」の休憩室が必要です

2 事務所衛生基準規則

事務所衛生基準規則とは健全な環境で安全に仕事をするために作られた規則です。基準の数値の個所が試験ではよく問われます。

猫でもわかる重要ポイント

これ重要！

		基準
空調等による調整	浮遊粉じん量	0.15 mg/m^{3}以下
	一酸化炭素	100万分の10（10 ppm）以下
	二酸化炭素	100万分の1000（1000 ppm）以下
	ホルムアルデヒド	0.1 mg/m^{3}以下
	室温	17℃以上28℃以下（測定は0.5℃目盛りの温度計による）
	気流	0.5 m／秒以下
	相対湿度	40％以上70％以下（測定は0.5℃目盛りの乾湿計の湿度計による）
換気設備	点検	2か月以内ごとに1回
照明設備		6か月以内ごとに1回
燃焼器具		毎日（発熱量の著しく少ないものを除く）

上表についての補足事項

・測定結果については3年間保存，報告義務はなし。

・中央管理方式の空気調和設備を設けた建築物の事務室については，2か月に1回の頻度で，空気中の一酸化炭素及び二酸化炭素の含有率，室温及び外気温並びに相対湿度を測定しなければならない

・事務所の建築等の際は，事務所の使用開始後所定の時期に1回，ホルムアルデヒドの濃度を測定する

・空調設備の冷却塔，加湿装置及び空調設備内に設置された排水受け
点検…1か月以内ごとに1回
清掃…1年に1回
異常の有無を点検…2か月に1回

1 労働時間，休憩及び休日

労働基準法は，別名「労働者保護法」と言われ労働者を不当な労働条件から保護するための法律です。

猫でもわかる重要ポイント

1 法定労働時間 【原則】

休憩時間を除き，1週40時間，1日8時間を超えて労働させてはなりません。2つ以上の事業場で働いていたら通算して適用します。

2 変形労働時間制 【労働時間の大原則に対する例外的措置】

労働時間の大原則に対する例外的措置として，「1か月単位制」「フレックスタイム制」「1年単位制」「1週間単位制」の4種類があります。

■1週間単位制の例

	月	火	水	木	金	合計
1週目	10	10	8	8	6	42
2週目	10	7	7	8	6	38

例）
2週の平均が週40時間のため時間外割増は発生なし

■変形労働時間制一覧

変形労働時間制	期間	実施条件	労使協定の届出（所轄労働基準監督署長）
1か月単位制	1か月以内	労使協定又は就業規則等	必要
フレックスタイム制	3か月以内※	労使協定及び就業規則等	清算期間が1か月を超える場合は必要
1年単位の変形制	1か月超1年以内	労使協定	必要
1週間単位の変形制	1週間	労使協定	必要

※フレックスタイム制の「3か月」の期間を清算期間という

3 時間外勤務（残業）

・36 協定（時間外労働及び休日労働に関する労使協定）を締結して届けることにより使用者は労働者に法定時間（1 日 8 時間，週 40 時間）を超える労働をさせることが可能

・時間外勤務の限度基準は月 45 時間，年 360 時間であるが「特別条項」を締結して届出ることにより限度基準を超えて時間外勤務をさせることが可能，

⇒　働き方改革法の施行により 2019 年 4 月より「特別条項」に上限が定められ，違反の場合には罰則あり（自動車運転業務・建設事業・医師など一部の事業は 2024 年より施行予定）

・「特別条項（臨時的な特別の事情があって労使が合意する場合）」の上限

・年 720 時間以内

・複数月平均 80 時間以内（休日労働を含む）

・月 100 時間未満（休日労働を含む）

※原則である月 45 時間を超えることができるのは，年間 6 か月まで

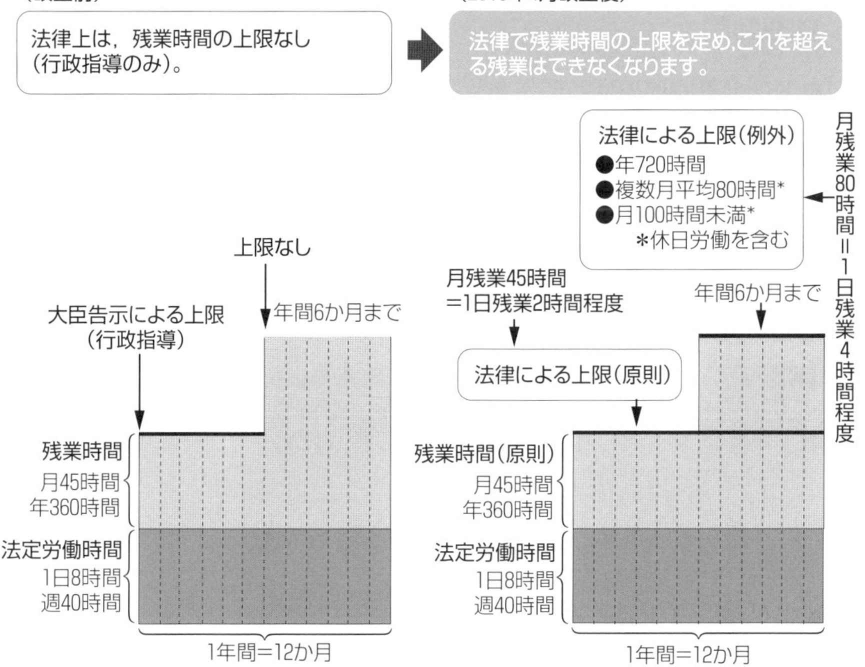

【参考:厚生労働省作成パンフレットより】

参考
- 厚生労働省が「労働時間の適正な把握のために使用者が講ずべき措置に関するガイドライン」を公表
- 過重労働防止の観点より，時間外勤務の上限を定める（罰則あり）**労働基準法**が 2019 年 4 月より改正
- 長時間労働者の情報を産業医に提供する義務あり
- **「高度プロフェッショナル制度対象者」は労働基準法に定められた労働時間，休憩，休日等は対象外**

4 時間外勤務の例外

公務員の場合，非常災害時など臨時の必要性がある場合などの際は 36 協定を結ばなくとも，時間外労働をさせることができます。

また，監督，管理の地位にある者及び機密の事務を取り扱う者は労基監督署長の許可を受けなくても労働時間に関する規定は適用されません。

・監視又は断続的労働に従事する労働者であって，所轄労働基準監督署長の許可を受けた者については，労働時間に関する規定は適用されない

5 休憩時間

使用者は労働時間が6時間を超え8時間以内の場合は少なくとも 45 分，8時間を超える場合は少なくとも 1 時間の休憩を労働者に与えなければなりません。

・休憩時間は一斉に与えなければならない（労使協定の締結（届出不要）による交代制による例外あり）

・休憩時間は労働時間の途中に与えなければならない

6 休日

・毎週少なくとも１回の休日を与えなければいけない（一斉に与えなくてもよい）

・４週間を通じて４日以上の休日を与える方法でもよい（変形休日制：就業規則等に起算日の定めが必要）

・国民の祝日は休日ではない

2 賃金

時間外労働をした場合の割増率について，試験では出題されることがあります。

猫でもわかる重要ポイント

1 割増賃金

時間外勤務をさせた事業者は時間外労働に割増分を支払う義務があります。

2 割増率

割増率は以下のように決められています。

時間帯	割増率
①法定労働時間外労働	2割5分以上の率
②月60時間を超える時間外労働*	5割以上の率 （60時間を超えた部分のみ）
③深夜労働（22時～5時）	2割5分以上の率
④深夜の時間外労働（通常日勤務）	5割以上の率
⑤休日労働	3割5分以上の率
⑥休日の深夜労働	6割以上の率

＊労使協定を締結すれば，月60時間を超える時間外労働を行った労働者に対して改正法による引き上げ分の割増賃金の支払いに代えて有給休暇を付与することも可能

3 平均賃金

解雇予告の手当てや休業手当や災害補償の決定などを算出するときに基準となる金額です。原則として事由の発生した日以前3ヶ月間に，その労働者に支払われた賃金の総額をその期間の総日数（暦日数）で除した金額です。

猫でもわかる重要ポイント

賃金の総額に入らないもの

①3ヶ月を超える期間ごとに支払われる賃金（ボーナス等），
②臨時に支払われた賃金
③通貨以外のもので支払われた賃金

覚え方　賃金総額の入らないもの

さん（3ヶ月）**りん**（臨時）**つうかい**（通貨以外）

総日数に入らないもの

①業務上の傷病による療養のための休業期間
②産前産後の休業期間
③使用者の責めに帰すべき事由によって休業した期間
④育児や介護休業期間
⑤試用期間などがある。

覚え方　総日数に入らないもの

ぎょう（業）**さん**（産）**し**（使）**いく**（育）**こころみる**（試）

4 年次有給休暇

年次有給休暇とは，労働者の休暇日のうち，賃金が支払われる有給の休暇日のことです。年次とある通り，1年ごとに毎年一定の日数が与えられます。

猫でもわかる重要ポイント

1 有給休暇の付与条件

事業者は，雇入れの日から起算して6か月以上継続勤務し，全労働日の8割以上出勤した労働者に対して10労働日の有給休暇を与えなければなりません（出勤率が8割※を下回ると付与されません）

※8割以上出勤の計算の際には，

①業務上の負傷，疾病による休業，

②産前産後休業，

③育児介護休業

④年次有給休暇取得

の期間は出勤したものとみなします。

以後，下表のとおり，1年ごとに付与日数は増加し最大20日を限度とします。また，10労働日の有給休暇を与えた労働者に対して年5年の年次有給休暇を取得させることが企業の義務（違反の場合には罰則あり）となりました。

一般労働者に対する付与日数

継続勤務期間	6カ月	1年6カ月	2年6カ月	3年6カ月	4年6カ月	5年6カ月	6年6カ月以上
付与日数（日）	10	11	12	14	16	18	20

2 短時間労働者等への比例付与

週の労働時間が30時間未満かつ所定労働日数が週4日以下（年間所定労働日数の場合は216日以下）の短時間労働者等の場合は比例的に付与します。

関連補足

①パートタイマー等についても，労働時間に比例した年次有給休暇を付与される
②年次有給休暇は労働者が請求する時期に与えられなければならないが，事業の正常な運営が妨げられる場合には，他の時季に変更して与えることができる。(時季変更権)
③2年間年次有給休暇を請求しなかった場合は時効により消滅する
④5日を超える部分については労使協定を締結し休暇を与える時季に関する定めをした場合はその定めにより与えることができる
⑤労使協定を締結すれば，1年に5日分を限度として時間単位で付与できる
⑥管理監督者，機密の事務を取り扱う者も年次有給休暇は付与される

5 就業規則及び寄宿舎規則

就業規則とは，労働者の就業上遵守すべき規律及び労働条件に関する具体的内容について労働基準法等に基づいて定められた規則のことです。

猫でもわかる重要ポイント

1 就業規則の届出

就業規則は常時 10 人以上（パート含む）の労働者を使用する使用者が作成し，提出義務があります。

	条件	提出時の添付書類	提出先
就業規則	意見を聞く	意見書	労働基準監督署長
寄宿舎規則	同意が必要	同意書	

就業規則は常時見やすいところへの掲示等，周知義務があります。（磁気ディスクへの保存も OK）

2 就業規則の記載事項

絶対的必要記載事項

就業規則に必ず記載しなければならない事項です。

①始業・終業の時刻，休憩時間，休日，休暇

②賃金の決定，計算方法及び支払の方法

③退職・昇給に関する事項　など（退職金ではない！）

相対的必要記載事項

定めた場合には必ず記載しなれければならない事項です。

任意的記載事項

法令などに反しなければ任意に記載出来る事項です。

6 女性における就業制限

使用者は労働者が女性であることを理由として，男性と差別的取扱いをしてはなりません。しかし，産前産後休業など母性保護の観点から休業期間が設けられています。

猫でもわかる重要ポイント

1 産前産後休業等

①休業期間

・産前…6週間以内（多胎妊娠の場合は14週間以内）＋請求（「休業したい」との）

・産後…8週間を経過していない女性は就業不可

→6週間経過後，請求（「働きたい」との）をし，かつ医師が認めれば可能

→産後8週間休業した女性については原則としてその後30日間は解雇してはならない

②育児時間

生後満1年に達しない生児を育てる女性労働者は1日2回，各々少なくとも30分間，生児を育てるための育児時間を請求できます（通常の休憩時間とは別に，請求した時間に取得可能）。

③時間外労働等の制限

妊産婦（妊娠中の女性及び産後1年を経過していない女性）が請求した場合には時間外労働，深夜業，変形労働時間（フレックス制を除く）による時間外労働はさせてはならなりません。女性が管理監督者の場合でも深夜業は出来ません（変形労働時間含む時間外労働は可）。

試験によく出る重要問題

問題 1　週所定労働時間が 30 時間以上の労働者の年次有給休暇に関する次の記述のうち，労働基準法上，正しいものはどれか。

ただし，労使協定とは，「労働者の過半数で組織する労働組合（その労働組合がない場合は労働者の過半数を代表する者）と使用者との書面による協定」をいう。

(1)　6年6か月継続勤務し，直近の1年間に，全労働日の8割以上出勤した労働者に新たに与えなければならない年次有給休暇の日数は，18 日である。

(2)　労使協定により，時間単位で年次有給休暇を与える対象労働者の範囲，その日数（5日以内に限る。）等を定めた場合において，対象労働者が請求したときは，年次有給休暇の日数のうち当該協定で定める日数について時間単位で与えることができる。

(3)　法令に基づく育児休業又は介護休業で休業した期間は，出勤率の算定に当たっては，出勤しなかったものとして算出することができる。

(4)　年次有給休暇の請求権は，これを1年間行使しなければ時効によって消滅する。

(5)　年次有給休暇の期間については，原則として，最低賃金又は平均賃金の 100 分の 60 の額の手当を支払わなければならない。

問題 2　妊産婦に関する次の記述のうち，労働基準法上，誤っているものはどれか。

ただし，労使協定とは，「労働者の過半数で組織する労働組合（その労働組合がない場合は労働者の過半数を代表する者）と使用者との書面による協定」をいい，また，管理監督者等とは，「監督又は管理の地位にある者等，労働時間，休憩及び休日に関する規定の適用除外者」をいう。

(1)　妊産婦とは，妊娠中の女性及び産後1年を経過しない女性をいう。

(2)　時間外・休日労働に関する労使協定を締結し，これを所轄労働基準監督署長に届け出ている場合であっても，妊産婦が請求した場合には，管理監督者等の場合を除き，時間外・休日労働をさせてはならない。

(3)　1年単位の変形労働時間制を採用している場合であっても，妊産婦が請求した場合には，管理監督者等の場合を除き，1週 40 時間，1日8時間を超えて労働させてはならない。

(4)　妊産婦が請求した場合には，管理監督者等の場合を除き，深夜業をさせてはならない。

(5)　妊娠中の女性が請求した場合においては，他の軽易な業務に転換させなければならない。

問題3　週所定労働時間が32時間で，週所定労働日数が4日である労働者であって，雇入れの日から起算して3年6か月継続勤務した労働者に対して，その後1年間に新たに与えなければならない年次有給休暇日数として，法令上，正しいものは(1)〜(5)のうちどれか。

ただし，その労働者はその直前の1年間に全労働日の8割以上出勤したものとする。

(1)　10日

(2)　11日

(3)　12日

(4)　13日

(5)　14日

問題4　労働基準法に定める育児時間に関する次の記述のうち，誤っているものはどれか。

(1)　生後満1年に達しない生児を育てる女性労働者は，育児時間を請求できる。

(2)　育児時間は，休憩時間とは別の時間として請求できる。

(3)　育児時間は，原則として，1日2回，1回当たり少なくとも30分の時間を請求できる。

(4)　育児時間を請求しない女性労働者に対しても，育児時間を与えなければならない。

(5)　育児時間は，育児時間を請求できる女性労働者が請求した時間に与えなければならない。

問題5　労働基準法における労働時間等に関する次の記述のうち，正しいものはどれか。

ただし，「労使協定」とは，「労働者の過半数で組織する労働組合（その労働組合がない場合は労働者の過半数を代表する者）と使用者との書面による協定」をいう。

(1)　1日8時間を超えて労働させることができるのは，時間外労働の労使協定を締結し，これを所轄労働基準監督署長に届け出た場合に限られている。

(2)　労働時間に関する規定の適用については，事業場を異にする場合は労働時間を通算しない。

(3)　所定労働時間が7時間30分である事業場において，延長する労働時間が1時間であるときは，少なくとも45分の休憩時間を労働時間の途中に与えなければならない。

(4)　監視又は断続的労働に従事する労働者であって，所轄労働基準監督署長の許可を受けたものについては，労働時間，休憩及び休日に関する規定は適用されない。

(5)　フレックスタイム制の清算期間は，3か月以内の期間に限られる。

問題6　労働基準法により作成が義務付けられている就業規則に関する次の記述のうち，誤っているものはどれか。

(1)　就業規則の作成又は変更の手続きとして，事業場の労働者の過半数で組織する労働組合（その労働組合がない場合は労働者の過半数を代表する者）の同意が必要である。

(2)　退職に関する事項（解雇の事由を含む。）については，必ず就業規則に定めておく必要がある。

(3)　休日及び休暇に関する事項については，必ず就業規則に定めておく必要がある。

(4)　安全及び衛生に関する事項については，これに関する定めをする場合には就業規則に定めておく必要がある。

(5)　就業規則は，常時作業場の見やすい場所へ掲示すること，各労働者に書面を交付すること等の一定の方法によって，労働者に周知させなければならない。

問題7　1か月単位の変形労働時間制に関する次の記述のうち，労働基準法上，誤っているものはどれか。

ただし，常時使用する労働者数が10人以上の規模の事業場の場合とし，「労使協定」とは，「労働者の過半数で組織する労働組合（その労働組合がない場合は労働者の過半数を代表する者）と使用者との書面による協定」をいう。

⑴ この制度を採用する場合には，労使協定又は就業規則により，1か月以内の一定の期間を平均し1週間当たりの労働時間が40時間を超えないこと等，この制度に関する定めをする必要がある。
⑵ この制度を採用した場合には，この制度に関する定めにより特定された週又は日において1週40時間又は1日8時間を超えて労働させることができる。
⑶ この制度に関する定めをした労使協定は所轄労働基準監督署長に届け出る必要はないが，就業規則は届け出る必要がある。
⑷ この制度を採用した場合であっても，妊娠中又は産後1年を経過しない女性が請求した場合には，監督又は管理の地位にある者等労働時間に関する規定の適用除外者を除き，当該女性に対して法定労働時間を超えて労働させることはできない。
⑸ この制度で労働させる場合には，育児を行う者等特別な配慮を要する者に対して，これらの者が育児等に必要な時間を確保できるような配慮をしなければならない。

問題8　年次有給休暇（以下「休暇」という。）に関する次の記述のうち，労働基準法上，正しいものはどれか。

⑴ 週所定労働時間が30時間以上で，雇入れの日から起算して6年6か月以上継続勤務し，直近の1年間に，全労働日の8割以上出勤した労働者には，15日の休暇を新たに与えなければならない。
⑵ 労働者の過半数で組織する労働組合（その労働組合がない場合は労働者の過半数を代表する者）と使用者との書面による協定により休暇を与える時季に関する定めをした場合は，休暇のうち5日を超える部分については，その定めにより休暇を与えることができる。
⑶ 法令に基づく育児休業又は介護休業で休業した期間は，出勤率の算定に当たっては，出勤しなかったものとして算出することができる。
⑷ 休暇の請求権は，これを1年間行使しなければ時効によって消滅する。
⑸ 監督又は管理の地位にある者及び機密の事務を取り扱う者については，休暇に関する規定は適用されない。

問題 9　労働基準法に基づく産前産後の休業に関する次の文中の［　　］内に入れるAからDの数字の組合せとして，正しいものは⑴～⑸のうちどれか。

「使用者は，［A］週間（多胎妊娠の場合にあっては，［B］週間）以内に出産する予定の女性が休業を請求した場合においては，その者を就業させてはならない。

使用者は，産後［C］週間を経過しない女性を就業させてはならない。ただし，産後［D］週間を経過した女性が請求した場合において，その者について医師が支障がないと認めた業務に就かせることは，差し支えない。」

	A	B	C	D
⑴	6	10	6	5
⑵	6	14	8	6
⑶	8	10	6	5
⑷	8	10	8	6
⑸	8	14	8	5

問題 10　労働基準法に基づく労使協定による時間外・休日労働に関する次の記述のうち，誤っているものはどれか。

ただし，「労使協定」とは，「労働者の過半数で組織する労働組合（その労働組合がない場合は労働者の過半数を代表する者）と使用者との書面による協定」をいう。

⑴　時間外・休日労働に関する労使協定には，時間外・休日労働をさせる必要のある具体的事由，業務の種類，労働者の数並びに1日及び1日を超える一定の期間における延長時間又は休日労働日について，定めなければならない。

⑵　時間外・休日労働に関する労使協定には，労働協約による場合を除き，有効期間の定めをする必要がある。

⑶　時間外・休日労働に関する労使協定の内容は，厚生労働大臣が定める時間外労働の限度基準に適合したものとなるようにしなければならない。

⑷　労使協定による時間外・休日労働をさせる場合，満18歳未満の者については，休日労働はさせることはできないが，満15歳以上の者であれば時間外労働を1日2時間を超えない範囲内でさせることができる。

⑸　労使協定による時間外・休日労働をさせる場合，妊娠中又は産後1年を経過しない女性が請求したときには，監督又は管理の地位にある者等労働時間等に関する規定の適用除外者を除き，当該女性に対して時間外・休日労働をさせることはできない。

解答・解説

問題1　**解答**　(2)

(1)この場合，年次有給休暇の日数は20日です

(3)育児介護休業した期間は，出勤したものとして算出します

(4)年次有給休暇の時効は2年間です

(5)年次有給休暇期間の賃金は「通常の賃金」「平均賃金」「健康保険法の標準報酬日額」のいずれかとなります

問題2　**解答**　(4)

妊産婦の場合，管理監督者等であっても深夜業はさせてはなりません

問題3　**解答**　(5)

(週の労働時間が30時間を越えており，短時間者の比例付与には該当しません)

問題4　**解答**　(4)

育児時間は労働者の「請求」により与えられます

問題5　**解答**　(4)

(1)非常災害の場合，公務員で臨時の必要性がある場合などは労使協定（36協定）を締結することなく労働時間を延長することが出来ます。

(2)労働時間に関する規定の適用は事業場が異なる場合は通算します。

(3)労働時間が8時間を超える場合は少なくとも「1時間」の休憩時間を労働時間の途中で与えなければなりません。

(5)フレックスタイム制の清算期間は「1か月」以内の期間で起算日を定める必要があります。

問題6　**解答**　(1)

就業規則の作成又は変更には，過半数労働組合（過半数代表）の「意見」を聞けば良く同意は不要です。

問題7　**解答**　(3)

1か月単位の変形労働時間制に関する定めをした労使協定は所轄労働基準監督署に届け出る必要があります。

問題8　**解答**　(2)

(1)「20日」の休暇を与えなければなりません。

(3)育児休業，介護休業で休業した期間は，出勤率の算定に当たっては「出勤した」ものとみなす。

(4)休暇の請求権は「2年間」で時効となります。

(5)監督又は管理の地位にある者及び機密の事務を取り扱う者についても「休暇」に関する規定は適用されます。

問題9　**解答**　(2)

問題10　**解答**　(4)

労使協定による時間外・休日労働（36協定）は，原則として年少者（満18歳未満者）は適用されません。

第2編

労働衛生
（有害業務にかかるもの以外のもの）

この分野は快適な職場環境を守るための様々な規定について学びます。事務所の照度や温度，職業性疾病や健康管理統計なども学びます。その他，救急蘇生法についても学びます。この分野の難易度もそれほど高くありませんので，比較的スムーズに学習が進みます。

1 労働衛生の3管理

労働衛生の3管理とは「作業環境管理」,「作業管理」および「健康管理」を指します。
これは，労働衛生管理の基本となるもので，これに労働衛生教育と労働衛生管理体制を加え，5管理とすることもあります。

猫でもわかる重要ポイント

	目的	具体例
作業環境管理	作業環境中の有害要因を除去する管理 労働者の健康障害を未然に防止	騒音を測り 90 dB であったので，機械を隔離した
作業管理	作業自体を適切に管理，処理する 労働者の健康障害を防止する	重い荷物を運ぶ際には重心を低くする，作業開始前に体操をとりいれる
健康管理	労働者の健康を把握し健康の保持増進対策を行う	デスクワークの人に，運動プログラムを提供する，栄養指導をするなど

1 温熱条件

私たちの温度感覚に影響するものとして，気温，湿度，気流（風），輻射熱（放射熱）の４つの温熱条件があります。

猫でもわかる重要ポイント

1 温熱環境を決める４つの要素

温熱要素	性質	使用測定器
気温	・温度感覚を最も強く左右する	水銀又はアルコールによる膨張寒暖計
湿度	・相対湿度とは空気中の水蒸気量と，その温度における飽和水蒸気量との比を百分率（%）で示したもの ・乾球温度及び湿球温度の測定値から計算	アスマン通風乾湿計 アウグスト乾湿計
気流	気温と湿度が一定でも，気流により温度感覚が変わる	熱線風速計
ふく射熱（放射熱）	炉のような熱源は，ふく射熱を放射し，気温以上の暑さを与える	黒球温度計

2 温熱指標等

①実効温度＝感覚温度

実効温度とは感覚温度ともいい，作業場内の温度環境が快適であるかを評価します。

覚え方 実効温度＝感覚温度

温度を実感する

人の温熱感に基礎を置いた指標で気温＋湿度＋気流を使い求めます（ふく射

熱は要素とされていません）

②修正実効温度

実効温度にふく射熱を考慮したもので黒球温度，湿球温度，風速を使い求めます。

③不快指数

蒸し暑さの判定指数で乾球温度及び湿球温度の測定値から計算で求めます。

快適（70），半数不快（75），大多数不快（80 以上）

④ WBGT（暑さ指数）

暑熱環境による熱ストレスの評価に用いられる指標（熱中症リスクの評価指標）です。気温＋湿度＋ふく射熱の総合効果温度（高温環境の評価）で計算によって算出されます。

WBGT算出式

屋外 ＝（0.7 ×湿球温度）＋（0.2 ×黒球温度）＋（0.1 ×乾球温度）

屋内 ＝（0.7 ×湿球温度）＋（0.3 ×黒球温度）

覚え方 WBGT 算出式で出てくる数値

なにぃー！　七味か！

0.7 0.2 0.1　0.7 0.3

⑤至適温度

暑からず寒からずという，ちょうどいい温度のことです。作業強度が強い，作業時間が長い，男性，冬は低くなります。（デスクワークは筋肉作業よりも高くなります）

・夏季等暑熱の冷房使用時の外気温と室温の差の目安は 7℃

2 採光・照明

照明の種類や用語の意味についてよく出題されます。作業内容に応じて適した環境についても理解することが大切です。

猫でもわかる重要ポイント

1 照明の種類

①全般照明

室内全体を照らします。

②局所照明

検査作業など手元等を集中的に照らします。（全般照明と併用します）

2 照明方法の種類

①直接照明

光源からの光が直接あたるものです。

②半間接照明

光源からでる光をカバーを通して利用するものです。

③間接照明

光を壁や天井に反射させてから照らすものです。

3 単位と用語

①カンデラ（光度）

光の強さを表す単位です。

②ルクス（照度）

光源によって照らされる面の明るさです。

※1ルクス＝1カンデラの光源から1m離れた所で，その光に直角な面が受ける明るさ

③グレア…正視できないほどのまぶしさ

作業に適した環境

光の色	白色光
彩色 （壁や天井の色）	目の高さ以下　→　濁色（まぶしさを防止） 目の高さ以上　→　明るい色（反射させるため） 明度が高いと照度が上がる効果。彩度が高いと疲労を招く
光を当てる角度	前方からの場合30°以上
光の量	まぶしすぎず，作業面や床面に強い影ができない（適度な影は必要） 全体照明は局所照明の1/10以上必要

1 食中毒

原因菌，感染源，症状について1つ1つ確実におさえておきましょう。試験では原因菌と症状や感染源を入れ替えた形式でよく出題されています。

猫でもわかる重要ポイント

1 食中毒内容一覧

これ重要！

	原因菌	原因食品・感染源	症状・菌の特徴
感染型	腸炎ビブリオ（病原性好塩菌）	魚介類	胃けいれん・腹痛
	サルモネラ菌	糞尿による汚染・鶏卵	急性胃腸炎
	カンピロバクター菌	加熱不十分な食肉	発熱，腹痛，下痢，血便を伴う腸炎
毒素型	黄色ブドウ球菌	握り飯・弁当	毒素はエンテロトキシン 熱に強い
	ボツリヌス菌	缶詰，瓶詰め	神経毒・致死率高い
	O-157（オー） O-111（オー）	便から容易に二次感染	ベロ毒素，腹痛，出血を伴う下痢 100個程度の少数の菌で発症 潜伏期間3～5日
ウィルス性	ノロウィルス	生カキや魚介類	摂取後，1～2日後に発症 おう吐や下痢が1～2日続く 冬に流行
自然毒	テトロドトキシン	ふぐ	指先や口唇部に痺れ
	アフラトキシン	カビ	発がん性物質

試験によく出る重要問題

問題1　食中毒に関する次の記述のうち，誤っているものはどれか。

(1)　O-157やO-111は，ベロ毒素を産生する大腸菌で，これらによる食中毒は，腹痛，出血を伴う水様性の下痢などの症状を呈する。
(2)　ノロウイルスは，手指，食品などを介して経口で感染し，腸管で増殖して，嘔（おう）吐，下痢，腹痛などの急性胃腸炎を起こすもので，冬季に集団食中毒として発生することが多い。
(3)　ボツリヌス菌は，缶詰，真空パック食品など酸素のない食品中で増殖して毒性の強い神経毒を産生し，筋肉の麻痺（ひ）症状を起こす。
(4)　毒素型食中毒は，食物に付着した細菌が増殖する際に産生した毒素によって起こる食中毒で，腸炎ビブリオ菌などによるものがある。
(5)　感染型食中毒は，食物に付着した細菌そのものの感染によって起こる食中毒で，サルモネラ菌などによるものがある。

問題2　ノロウイルスによる食中毒に関する次の記述のうち，正しいものはどれか。

(1)　食品に付着したウイルスが食品中で増殖し，ウイルスが産生した毒素により発症する。
(2)　ウイルスの感染性は，長時間煮沸しても失われない。
(3)　潜伏期間は，１～２日間である。
(4)　発生時期は，夏季が多い。
(5)　症状は，筋肉の麻痺（ひ）などの神経症状が特徴である。

問題3　細菌性食中毒の原因菌のうち，病原性好塩菌ともいわれるものは，次のうちどれか。

(1)　黄色ブドウ球菌
(2)　ボツリヌス菌
(3)　サルモネラ菌
(4)　腸炎ビブリオ
(5)　セレウス菌

解答・解説

問題1　**解答**　(4)

腸炎ビブリオによる食中毒は「感染型」食中毒です。

問題2　**解答**　(3)

(1)ノロウィルスは食品中ではなく，体内で増殖します。また毒素を産生しません。

(2)中心部の温度が 75 ℃で 1 分以上加熱することでほとんどの細菌，ウィルスは死滅します。

(4)発生時期は「冬季」が多いです。

(5)嘔吐下痢などの症状が特徴です。

問題3　**解答**　(4)

腸炎ビブリオは「病原性好塩菌」ともいいます。

2 脳・心臓疾患

試験では 8 割程度の率で出題されている分野です。脳疾患では血栓と塞栓の違い，心臓疾患では狭心症と心筋梗塞を入れ替えたりして出題されています。

猫でもわかる重要ポイント

1 脳疾患

出血性病変	脳出血	脳血管が破れて出血 頭痛，嘔吐，意識障害
	くも膜下出血	脳とくも膜の間にある動脈瘤から出血 頭が割れるような痛み
虚血性病変（脳梗塞）	脳血栓症	脳血管の動脈硬化が原因 頭痛，めまい，手足のしびれ，言語障害，視覚障害
	脳塞栓症	血栓の剥がれによる脳血管の閉塞 脳血栓症と同様の症状

2 心臓疾患

虚血性心疾患	狭心症	可逆的な虚血（心筋は壊死していない） 心臓血管の一部の血流が一時的に悪くなる 痛み圧迫感は数分以内におさまる
	心筋梗塞	不可逆的な心筋壊死 心臓血管の一部が完全につまる 激しい胸の痛み，呼吸困難，15 分以上症状が続く

・三大危険因子として「脂質異常症」，「高血圧」，「喫煙」がある
・運動負荷心電図検査は虚血性心疾患の発見に効果的である

試験によく出る重要問題

問題 1　虚血性心疾患に関する次の記述のうち，誤っているものはどれか。

(1)　虚血性心疾患は，狭心症と心筋梗塞とに大別される。

(2)　虚血性心疾患発症の危険因子には，高血圧，喫煙，脂質異常症などがある。

(3)　運動負荷心電図検査は，心筋の異常や不整脈の発見には役立つが，虚血性心疾患の発見には役立たない。

(4)　狭心症は，心臓の血管の一部の血流が一時的に悪くなる病気である。

(5)　狭心症の痛みの場所は，心筋梗塞とほぼ同じであるが，その発作が続く時間は，通常数分程度で，長くても 15 分以内であることが多い。

問題 2　脳血管障害及び虚血性心疾患に関する次の記述のうち，誤っているものはどれか。

(1)　脳血管障害は，脳の血管の病変が原因で生じ，出血性病変，虚血性病変などに分類される。

(2)　出血性の脳血管障害は，脳表面のくも膜下腔（くう）に出血するくも膜下出血，脳実質内に出血する脳出血などに分類される。

(3)　虚血性の脳血管障害である脳梗塞は，脳血管自体の動脈硬化性病変による脳血栓症と，心臓，動脈壁の血栓などが剥がれて脳血管を閉塞する脳塞栓症に分類される。

(4)　虚血性心疾患は，門脈による心筋への血液の供給が不足したり途絶えることにより起こる心筋障害である。

(5)　虚血性心疾患は，心筋の一部分に可逆的虚血が起こる狭心症と，不可逆的な心筋壊（え）死が起こる心筋梗塞とに大別される。

問題3　脳血管障害に関する次の記述のうち，誤っているものはどれか。

(1) 脳血管障害は，脳の血管の病変が原因で生じ，出血性病変，虚血性病変などに分類される。

(2) 出血性の脳血管障害は，脳表面のくも膜下腔(くう)に出血するくも膜下出血，脳実質内に出血する脳出血などに分類される。

(3) 虚血性の脳血管障害である脳梗塞は，脳血管自体の動脈硬化性病変による脳塞栓症と，心臓や動脈壁の血栓などが剥がれて脳血管を閉塞する脳血栓症に分類される。

(4) 脳梗塞や脳出血では，頭痛，吐き気，手足のしびれ，麻痺(ひ)，言語障害，視覚障害などの症状が認められる。

(5) くも膜下出血の症状は，「頭が割れるような」，「ハンマーでたたかれたような」などと表現される急激で激しい頭痛が特徴である

解答・解説

問題1　解答　(3)

運動性負荷心電図検査は，虚血性心疾患の発見にも有効な検査です。

問題2　解答　(4)

虚血性心疾患は，冠状動脈が狭くなったり塞がったりして心筋が酸素不足に陥る状態をいいます。

問題3　解答　(3)

脳梗塞には動脈硬化が原因で発生する「脳血栓症」と血栓が原因で発生する「脳塞栓症」の2種類があります。（本問は説明が逆です）

1　換気

換気をし過ぎると，冷暖房機器の効果が薄れてしまいます。逆に換気が少なすぎると，酸欠状態になって危険です。感覚ではなく，きちんとした計算式で必要な換気量が規定されています。

猫でもわかる重要ポイント

1　酸素と二酸化炭素濃度（濃度測定は検知管方式）

・大気中の酸素濃度　21 %，二酸化炭素 0.03〜0.04 %

・呼気中の酸素濃度　16 %，二酸化炭素 4 %

気積	空気の容積。1 人当たり 10 m^3必要
必要換気量	衛生上入れ替える必要のある空気量 （一人に対して）１時間に室内に取り入れる空気の量 二酸化炭素濃度（通常，0.1 %）を基準に計算する

これ重要！

$$\text{必要換気量}\ (m^3/h) = \frac{\text{在室者全員が1時間に排出する}CO_2\text{量}\ (m^3/h)}{\underset{(0.1\,\%)}{\text{室内}CO_2\text{基準濃度}} - \underset{(0.03\sim0.04\,\%)}{\text{外気の}CO_2\text{濃度}}}$$

※ CO_2濃度が「%」の場合は 100 倍，「ppm」の場合は 1,000,000 倍する

$$\text{必要換気回数} = \frac{\text{必要換気量}}{\text{気積}}$$

※高温環境下では普通より多くの換気が必要である。

※換気回数は多ければ多いほどよいというわけではない！

2 VDT（情報機器）作業

VDT 作業とは，コンピューターを使用する作業のことです。

猫でもわかる重要ポイント

1 VDT（情報機器）作業による疲労

・精神的疲労，眼精疲労，腰痛など。自覚症状が他覚症状に先行してあらわれる

・グレア（正視できないほどのまぶしさ）防止のために反射防止型ディスプレイを使用し，照明は直接照明ではなく間接照明が望ましい。

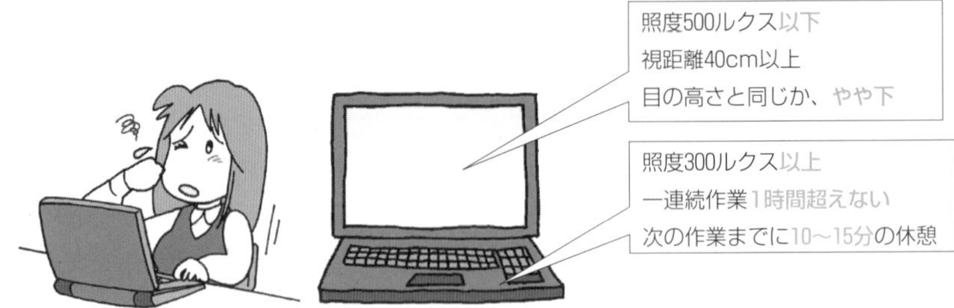

2 VDT（情報機器）作業における労働衛生管理のためのガイドライン

VDT 作業における労働衛生管理のためのガイドラインがあります。具体的な数値については，本ページの図にかかれてある数値を覚えておきましょう。

・特殊健康診断は「既往歴・業務歴の調査」，「自覚症状の有無の検査」「眼科学的検査」「筋骨格系に関する検査」

・VDT 作業健康診断は，一般健康診断を実施する際に，併せて実施可能

試験によく出る重要問題

問題 1　厚生労働省の「VDT 作業における労働衛生管理のためのガイドライン」に基づく措置に関する次の記述のうち，誤っているものはどれか。

(1)　ディスプレイは，おおむね 40 cm 以上の視距離が確保できるようにし，画面の上端が，眼と同じ高さか，やや下になるようにする。

(2)　ディスプレイ画面上における照度は，500 ルクス以下になるようにする。

(3)　書類上及びキーボード上における照度は，300 ルクス以上になるようにする。

(4)　単純入力型及び拘束型に該当する VDT 作業については，一連続作業時間が 1 時間を超えないようにし，次の連続作業までの間に 5 分間の作業休止時間を設け，かつ，一連続作業時間内において 1 ～ 2 回程度の小休止を設けるようにする。

(5)　VDT 作業健康診断は，一般健康診断を実施する際に，併せて実施してもよい。

問題 2　厚生労働省の「VDT 作業における労働衛生管理のためのガイドライン」に基づく措置に関する次の記述のうち，正しいものはどれか。

(1)　単純入力型又は拘束型に該当する VDT 作業については，一連続作業時間が 2 時間を超えないようにし，次の連続作業までの間に 5 ～10 分程度の作業休止時間を設けるようにする。

(2)　書類上及びキーボード上における照度は，300 ルクス以上になるようにする。

(3)　ディスプレイ画面上における照度は，500 ルクス以上になるようにする。

(4)　ディスプレイ画面までの視距離は 30 cm 程度とし，画面の上端が，眼の高さよりやや上になるようにする。

(5)　VDT 作業従事者に対する特殊健康診断の検査項目は，眼疲労を中心とする「自覚症状の有無の検査」及び視力，調節機能等の「眼科学的検査」の 2 項目である。

解答・解説

問題 1　**解答　(4)**

次の連続作業までの間に 10～15 分の作業休止時間を設けます。

問題 2　**解答　(2)**

(1)一連続作業時間が 1 時間を超えないようにし，次の連続作業までの間に 10～15 分の作業休止時間を設け，かつ一連続作業時間内において 1 ～ 2 回程度の小休止を設けます。

(3)ディスプレイ画面上における照度は，500 ルクス「以下」になるようにします。

(4)画面の上端が，眼と同じ高さか，やや下になるようにします。

(5) VDT 作業従事者に対する特殊健康診断の検査項目は「自覚症状の有無の検査」「眼科学的検査」「筋骨格系に関する検査」の 3 項目です。

第2編　労働衛生（有害業務以外）

3 職場における受動喫煙対策のためのガイドライン

職場の喫煙対策については，労働者の健康確保と快適な職場環境の形成を図る観点から，一層の受動喫煙防止対策の充実を図ることとし，「職場における受動喫煙対策のためのガイドライン」が策定されました。

猫でもわかる重要ポイント

1 健康増進法

・望まない受動喫煙の防止を図るため，多数の者が利用する施設等の区分に応じ，施設等の一定の場所を除き喫煙を禁止するとともに，施設等の管理者の対応等について改正

・改正の内容

(1) 国及び地方公共団体の責務等

・望まない受動喫煙が生じないように国・地方公共団体の対応の努力義務を規定

(2) 多数の者が利用する施設等における喫煙の禁止等

・学校・病院・児童福祉施設等，行政機関，旅客運送事業自動車・航空機
…敷地内禁煙
※一定の基準を満たした屋外の喫煙場所の設置が認められる場合あり

・上記以外の多数の者が利用する施設，旅客運送事業船舶・鉄道
…原則屋内禁煙
※喫煙専用室内でのみ喫煙可

(3) 施設等の管理権原者等の責務等

・施設等の管理権原者等は，喫煙禁止場所に喫煙器具・設備（灰皿等）を設置してはならない

(4) その他

・違反者には罰則あり

項目	内容
空気環境	・浮遊粉じん量 0.15 mg/m^{3}以下，一酸化炭素濃度 10 ppm 以下
喫煙室の設置	・可能な限り喫煙室を設置⇒局所排気装置⇒空気清浄機〈優先順位〉 ・「非喫煙場所」⇒「喫煙場所」へ向かう気流の風速を 0.2 m/秒以上にする ・気圧の高い→低い方へ風は流れる ・密閉はしない
現状分析と把握	・妊婦，呼吸器疾患者，未成年にも格別の配慮を行う ・施設設備「ハード面」と，計画や教育などの「ソフト面」の対策を効果的に組み合わせる（衛生委員会で調査・審議） ・定期的な空気環境の測定の実施

試験によく出る重要問題

問題１　**厚生労働省の「職場における受動喫煙防止のためのガイドライン」に基づく受動喫煙による喫煙対策の進め方に関する次の記述のうち，誤っているものはどれか。**

(1)　施設・設備面の対策として，原則禁煙とする。ただし，喫煙室のみ喫煙を認める。

(2)　喫煙室には，原則として，たばこの煙が拡散する前に吸引して屋外に排出する方式の喫煙対策機器を設置する。

(3)　やむを得ない措置として，屋内に排気する方式の空気清浄装置を喫煙室に設置する場合は，換気に特段の配慮をする。

(4)　喫煙室と非喫煙場所との境界において，喫煙室又は喫煙コーナーから非喫煙場所へ向かう気流の風速を 0.2 m/s 以下とするように必要な措置を講じる。

(5)　職場の空気環境の測定を行い，浮遊粉じんの濃度を 0.15 mg/㎥以下及び一酸化炭素の濃度を 10 ppm 以下とするように必要な措置を講じる。

問題2　厚生労働省の「職場における受動喫煙防止のためのガイドライン」に基づく喫煙対策の進め方に関する次の記述のうち，誤っているものはどれか。

(1)　空間分煙による施設・設備面の対策としては，原則禁煙とし，喫煙室のみ喫煙を認める。

(2)　喫煙室に設置する喫煙対策機器としては，たばこの煙を除去して室内に排気する方式の空気清浄装置が最も有効であるので，これを設置し，適切に稼働させる。

(3)　喫煙室からのたばこの煙やにおいの漏れを防止するため，非喫煙場所との境界において，喫煙室へ向かう気流の風速を0.2 m/s以上とするように必要な措置を講じる。

(4)　職場の空気環境の測定を行い，浮遊粉じんの濃度を0.15 mg/m³以下及び一酸化炭素の濃度を10 ppm以下とするように必要な措置を講じる。

(5)　妊婦及び呼吸器・循環器等に疾患を持つ労働者は，受動喫煙による健康への影響を一層受けやすい懸念があることから，格別の配慮を行う。

解答・解説

問題1　**解答**　(4)

「喫煙」→「非喫煙」ではなく「非喫煙」→「喫煙」へ向かう気流の風速を0.2 m/s「以上」とする措置が必要です。

問題2　**解答**　(2)

喫煙室の換気対策の優先順位は，

①発生個所の近くで吸引する局所排気装置，

②屋外に排気せず室内でろ過する空気清浄機の順です。

4 労働者の心の健康の保持増進のための指針（メンタルヘルスケア）

事業場のメンタルヘルスケアの実務を担当する者として，衛生管理者や常勤の保健師等から選任することを勧めています。ただし，すべての事業場で選任されることが望ましいため，50 人未満の規模や，保健師・看護師等不在の事業場では事業場外資源によるケアをすることも想定されています。

猫でもわかる重要ポイント

1 心の健康づくり計画

・各事業場における労働安全衛生に関する計画の中の位置付けであり，策定にあたっては衛生委員会又は安全衛生委員会において十分調査審議を行う

・４つのケアの推進

①労働者自身による「セルフケア」

②管理監督者による「ラインによるケア」

③事業場内の健康管理担当者による「事業場内産業保健スタッフによるケア」

「事業場内産業保健スタッフ」には衛生管理者や衛生推進者を含む！

④事業場外の専門家による「事業場外資源によるケア」

・衛生委員会によるケアは含まれない！

・当該労働者の状況を主治医や家族から取得する場合は本人の同意が必要！

試験によく出る重要問題

問題1　厚生労働省の「労働者の心の健康の保持増進のための指針」において，心の健康づくり計画の実施に当たって推進すべきこととされている四つのメンタルヘルスケアに該当しないものは，次のうちどれか。

(1)　労働者自身がストレスや心の健康について理解し，自らのストレスの予防や対処を行うセルフケア
(2)　職場の同僚がメンタルヘルス不調の労働者の早期発見，相談への対応を行うとともに管理監督者に情報提供を行う同僚によるケア
(3)　管理監督者が，職場環境等の改善や労働者からの相談への対応を行うラインによるケア
(4)　産業医，衛生管理者等が，心の健康づくり対策の提言や推進を行うとともに，労働者及び管理監督者に対する支援を行う事業場内産業保健スタッフ等によるケア
(5)　メンタルヘルスケアに関する専門的な知識を有する事業場外の機関及び専門家を活用し支援を受ける事業場外資源によるケア

問題2　厚生労働省の「労働者の心の健康の保持増進のための指針」に基づくメンタルヘルス対策に関する次の記述のうち，誤っているものはどれか。

(1)　メンタルヘルスケアを中長期的視点に立って継続的かつ計画的に行うため策定する「心の健康づくり計画」は，各事業場における労働安全衛生に関する計画の中に位置付けることが望ましい。
(2)　「心の健康づくり計画」の策定に当たっては，衛生委員会又は安全衛生委員会において十分調査審議を行う。
(3)　事業者がメンタルヘルスケアを積極的に推進する旨の表明に関することは，「心の健康づくり計画」で定めるべき事項に含まれる。
(4)　「セルフケア」とは，労働者自身がストレスや心の健康について理解し，自らのストレスを予防，軽減する，またはこれに対処することである。
(5)　メンタルヘルスケアは，「セルフケア」，「家族によるケア」及び「事業場内産業保健スタッフ等によるケア」の三つのケアを継続的かつ計画的に行うことが重要である。

解答・解説

問題 1　**解答**　(2)

(1)該当する（セルフケア）
(2)該当しない
(3)該当する（ラインによるケア）
(4)該当する（事業場内産業保健スタッフによるケア）
(5)該当する（事業場外資源によるケア）

問題 2　**解答**　(5)

メンタルヘルスケアは①セルフケア，②ラインによるケア，③事業場内産業保健スタッフによるケア，④事業場外資源によるケアの四つのケアをいいます

5 職場における腰痛予防対策指針

職場で腰痛を予防するには，労働衛生管理体制を整備した上で，作業・作業環境・健康の３つの管理と労働衛生についての教育を総合的・継続的に実施することが重要です。

猫でもわかる重要ポイント

腰痛予防対策

①中腰ひねり，前屈，後屈，ねん転などの不自然な姿勢をとらない。

②立位，椅坐位（いざい）等において，同一姿勢を長時間とらない。

③持ち上げる等の動作は膝を軽く曲げ，呼吸を整え，下腹部に力を入れながら行うこと。

④腰痛予防のために，腹部保護ベルトを使用するのがよい。（個人により効果が異なるため，一律に使用するのではなく，個人毎に効果を確認してから使用）

⑤床面は弾力性に優れた素材とすることが望ましい。

⑥人力のみにより取り扱う物の重量は，男性（満18歳以上）は，体重のおおむね40％以下となるようにし，女性（満18歳以上）は男性が取り扱う重量の約60％とする。

介護従事者など腰部に負荷がかかる作業の配置前及び6か月以内ごとに1回定期に腰痛の健康診断を実施します。

≪健康診断の項目≫

1）既往歴，業務歴の調査

2）自覚症状の有無の検査

3）腰椎（上肢×）のX線検査

4）神経学的検査

5）脊柱の検査

6 事業者が講ずべき快適な職場環境の形成のための措置に関する指針

労働者の就業に伴う疲労やストレスの問題を軽減し，労働者の有する能力を有効に発揮し，職場を活性化させて快適な職場環境を形成することが必要です

猫でもわかる重要ポイント

1 快適な職場環境の形成についての目標

・作業環境の管理
・作業方法の改善
・労働者の心身の疲労の回復を図るための施設・設備の設置・整備
・その他の施設・設備の維持管理
→事業者の意向の反映，快適職場環境の基準値の達成は考慮すべき事項ではありません。

試験によく出る重要問題

問題1　厚生労働省の「事業者が講ずべき快適な職場環境の形成のための措置に関する指針」において，快適な職場環境の形成のための措置の実施に関し，考慮すべき事項とされていないものは次のうちどれか。

(1)　継続的かつ計画的な取組
(2)　経営者の意向の反映
(3)　労働者の意見の反映
(4)　個人差への配慮
(5)　潤いへの配慮

解答・解説

問題1　解答　(2)
「経営者の意向の反映」は考慮すべき事項ではありません

1 健康診断と健康測定の違い

健康診断は，労働者の健康状態を身体面から調べ，健康障害や疾病を発見することを目的として行われます。一方，健康測定は，労働者の健康の保持増進が目的で行われます。両者の違いをおさえておきましょう

猫でもわかる重要ポイント

	目的	標的	実施
健康診断	疾病の早期発見・予防	有所見者	義務
健康測定	健康保持増進	健常者	任意

2 健康測定

ここでは検査項目と検査方法の対応がよく出題されています。また，健康測定のみ実施する検査項目も出題頻度が比較的高いです。

猫でもわかる重要ポイント

健常者を対象に実施し，測定結果に基づき健康指導を行うのが「健康測定」です。健康障害や疾病発見が目的ではなく健康状態の把握を目的としています。(メンタルヘルスケアを含む)

1 診断項目

・生活状況調査：仕事の内容，食生活や家庭状況など

・医学的検査（健康状態の検査）：血圧，肺活量，血糖など

検査項目は健康診断とほぼ同じ

健康測定のみ実施　⇒　心拍数，呼吸機能検査，皮下脂肪厚，血液中の尿酸値の量

定期健康診断のみ実施　⇒　血中脂質検査

・運動機能検査

検査項目	検査方法
筋持久力	上体起こし
柔軟性	立位（座位）体前屈
筋力	握力測定
敏捷（びんしょう）性	全身反応時間
平衡性	閉眼片足立ち
持久力	自転車エルゴメーター

・健康測定の結果に基づき，必要と判断された場合や労働者自らが希望する場合は，メンタルヘルスケアを行う

試験によく出る重要問題

問題１　労働者の健康保持増進のために行う健康測定に関する次の記述のうち，誤っているものはどれか。

(1) 健康測定における運動機能検査では，筋力，柔軟性，平衡性，敏捷（しょう）性，全身持久性などの検査を行う。

(2) 健康測定における医学的検査は，労働者の健康障害や疾病を早期に発見することを主な目的として行う。

(3) 健康測定の結果に基づき，必要と判断された場合や労働者自らが希望する場合は，メンタルヘルスケアを行う。

(4) 健康測定の結果に基づく栄養指導では，食生活上問題が認められた労働者に対して，栄養の摂取量，食習慣や食行動の評価とその改善の指導を行う。

(5) 健康測定の結果に基づき行う保健指導には，勤務形態や生活習慣によって生じる健康上の問題を解決するため，睡眠，喫煙，飲酒，口腔保健などの生活指導が含まれる。

解答・解説

問題１　**解答**　(2)

「健康測定」における医学的検査は「労働者の健康の保持増進」が目的で行われます。健康障害や疾病を早期発見するために行われるのは「健康診断」です。

3 医学的検査

BMI については実際に計算させる問題も出題されますので，電卓を忘れないように持っていきましょう！

猫でもわかる重要ポイント

1 身体検査

BMI

国際的によく用いられる体格指数であり，25 を超えると肥満と評価されます。

※試験では電卓の持ち込みが可能なので忘れないようにしましょう！

$$\text{BMI} = \frac{\text{体重}}{\text{身長（m）} \times \text{身長（m）}}$$

①死の四重奏…肥満，高血圧，高脂血症，糖尿病（耐糖能異常）

②メタボリックシンドローム診断基準…腹部肥満（内臓脂肪の蓄積）

男性：腹囲 85cm 以上

女性：腹囲 90cm 以上

2 血液検査

腎機能検査	尿素窒素（BUN）は腎臓から排出される老廃物の一種
肝機能検査	γ-GTP は正常な肝細胞に含まれている酵素で，肝細胞が障害を受けると血液中に流れ出す
脂質検査	HDL コレステロールは善玉コレステロールとよばれ，低値であると動脈硬化の危険因子となる LDL コレステロールは悪玉コレステロールとよばれ，高値であると動脈硬化の危険因子となる 血清トリグリセライド（中性脂肪）は食後に値が上昇する脂質で，空腹時にも高値が続くと，動脈硬化の危険因子となる
尿酸検査	尿酸は体内のプリン体と呼ばれる代謝物。尿酸値が高くなると痛風発作などの原因になる他，動脈硬化とも関連する

試験によく出る重要問題

問題1　**身長 170 cm の人の BMI が 25 未満となる最大の体重は，次のうちどれか。なお，BMI とは身長と体重から算出される体格指数である。**

(1)　65 kg
(2)　67 kg
(3)　69 kg
(4)　71 kg
(5)　73 kg

問題2　**BMI は肥満度の評価に用いられる指標で，身長と体重から算出されるが，身長 170 cm，体重 66 kg の人の BMI に最も近い値は次のうちどれか。**

(1)　23
(2)　26
(3)　29
(4)　33
(5)　39

問題3　**健康診断における検査項目に関する次の記述のうち，誤っているものはどれか。**

(1)　尿酸は，体内のプリン体と呼ばれる物質の代謝物で，血液中の尿酸値が高くなる高尿酸血症は，関節の痛風発作などの原因となるほか，動脈硬化とも関連するとされている。
(2)　血清トリグリセライド（中性脂肪）は，食後に値が上昇する脂質で，空腹時にも高値が持続することは動脈硬化の危険因子となる。
(3)　HDL コレステロールは，悪玉コレステロールとも呼ばれ，高値であることは動脈硬化の危険因子となる。
(4)　尿素窒素（BUN）は，腎臓から排泄(せつ)される老廃物の一種で，腎臓の働きが低下すると尿中に排泄されず，血液中の値が高くなる。
(5)　γ − GTP は，正常な肝細胞に含まれている酵素で，肝細胞が障害を受けると血液中に流れ出し，特にアルコールの摂取で高値を示す特徴がある。
(5)　総括安全衛生管理者が旅行，疾病，事故その他やむを得ない事由によって職務を行うことができないときは，代理者を選任しなければならない。

解答・解説

問題1　**解答**　(4)

BMI＝体重（kg）÷（身長（m）×身長（m））

よって　X÷(1.7×1.7)＝25未満の最大上記Xは(4)の71 kgとなる。

BMIは以下の通り

(1) 22.4913…　(2) 23.1833…

(3) 23.8754…　(4) 24.5674…

(5) 25.2595…

問題2　**解答**　(1)

(1) BMI＝体重（kg）÷身長（m）^{2}よって66（kg）÷1.7（m）^{2}＝22.8373…≒23

問題3　**解答**　(3)

HDLコレステロールは「善玉コレステロール」と呼ばれる。悪玉コレステロールと呼ばれるのはLDLコレステロールである。

4 健康指導

指導項目と指導担当者を入れ替えて出題されています。

猫でもわかる重要ポイント

健康指導は，健康測定の結果を受けて労働者自らが自分で積極的に健康づくりに取り組むことを目的として実施されます。

指導項目	指導内容	担当者（全般は産業医）
運動指導	運動プログラムの作成，アドバイス等を行う	運動指導担当者，運動実践担当者
保健指導	生活習慣改善指導。主に睡眠・喫煙・飲酒	産業保健指導担当者
心理相談（メンタルヘルスケア）	心のケア。息抜きの仕方，ストレスへの対処法など。	心理相談担当者
栄養指導	食習慣，食生活の改善指導	産業栄養指導担当者

試験によく出る重要問題

問題 1　**厚生労働省の「事業場における労働者の健康保持増進のための指針」に基づく健康保持増進対策に関する次の記述のうち，正しいものはどれか。**

⑴　事業場内健康保持増進体制の整備に関することは，健康保持増進計画で定める事項に含まれない。

⑵　産業医は，健康診断の結果を評価し，運動指導等の健康指導を行うための指導票を作成するとともに，個々の労働者に対して指導を行う。

⑶　運動指導担当者が健康診断の結果に基づき運動指導を行い，産業保健指導担当者が個々の労働者に対して必要な栄養指導を行う。

⑷　喫煙及び飲酒に関する指導及び教育を行うことは，産業保健指導担当者が行う

保健指導の内容に含まれる。

(5)　健康保持増進措置を実施するためのスタッフは，いかなる場合でもその事業場内で確保するべきであり，外部の機関に委託してその職務を実施させてはならない。

問題2　厚生労働省の「事業場における労働者の健康保持増進のための指針」に基づく健康保持増進対策に関する次の記述のうち，誤っているものはどれか。

(1)　継続的かつ計画的に行うため，労働者の健康の保持増進を図るため基本的な計画である健康保持増進計画を策定する。

(2)　健康保持増進計画で定める事項には，事業者が健康保持増進を積極的に推進する旨の表明に関することが含まれる。

(3)　産業医は，健康測定の実施結果を評価し，運動指導等の健康指導を行うための指導票を作成するとともに，健康保持増進措置を実施する他のスタッフに対して指導を行う。

(4)　健康測定結果に基づき，個々の労働者に対して必要な栄養指導を行う産業保健指導担当者を配置する。

(5)　健康保持増進措置を実施するためのスタッフの確保が事業場内で困難な場合は，労働者の健康の保持増進のための業務を行う外部のサービス機関などに委託して実施する。

解答・解説

問題1　**解答**　(4)

(1)「事業場内健康保持増進体制の整備」は定める事項に含まれます

(2)運動指導を行うのは【運動指導担当者】であり【健康測定】の結果によります

(3)栄養指導を行うのは【産業栄養指導担当者】であり【健康測定】の結果によります

(5)専門スタッフの確保が困難な企業では，認定されたサービス機関に委託することができます

問題2　**解答**　(4)

栄養指導のためには「産業栄養指導担当者」を配置します。

1 労働衛生管理統計

事業者は，労働衛生管理統計の記録を客観的，継続的に分析・評価することによって，衛生管理上の問題点を明確にしなければなりません。

猫でもわかる重要ポイント

健康管理をすすめる上で，労働者が疾病によりどのくらい休業しているのかを調べる手法です。

- 病休強度率　⇒　疾病休業が 1000 時間あたり何日あったか
- 病休度数率　⇒　疾病休業が 100 万時間あたり何件あったか

これ重要！

公式そのものを問う問題も出題されていますので，確実におさえておきましょう。

$$\text{疾病休業日数率} = \frac{\text{疾病休業延日数}}{\text{在籍労働者の延所定労働日数}} \times 100$$

$$\text{疾病休業年千人率} = \frac{\text{疾病休業件数}}{\text{在籍労働者数}} \times 1000$$

$$\text{病休度数率} = \frac{\text{疾病休業件数}}{\text{在籍労働者の延実労働時間数}} \times 1000000$$

（以上，計算結果は小数点2位まで表示する）

$$\text{病休強度率} = \frac{\text{疾病休業延日数}}{\text{在籍労働者の延実労働時間数}} \times 1000$$

※ a)疾病休業件数には負傷後続発した疾病数も含める。

※ b)延実労働時間数は在籍労働者の実労働時間数の総計とする　(所定労働時間数×)

・病休強度率では疾病休業延日数について疾病による死亡は 7500 日分として計算する。

覚え方　労働衛生管理統計（強引ですが公式の色字部分です）

三が日	千人の賢(件)者	度件100万	強火(日)で1000度
疾病休業日数率	疾病休業年千人率	病休度数率	病休強度率

試験によく出る重要問題

問題1　在籍労働者数が60人の事業場において，在籍労働者の年間の延べ所定労働日数が14,400日，延べ実労働時間数が101,300時間であり，同期間の疾病休業件数が23件，疾病休業延べ日数が240日である。このときの疾病休業日数率及び病休件数年千人率の概算値の組合せとして，適切なものは次のうちどれか。

	疾病休業日数率	病休件数年千人率
(1)	0.10	227
(2)	1.67	227
(3)	1.67	383
(4)	2.37	103
(5)	2.37	383

問題2　疾病休業日数率を表す次式中の［　　］内に入れるAからCの語句又は数字の組合せとして，正しいものは(1)～(5)のうちどれか。

$$\text{疾病休業日数率} = \frac{\boxed{A}}{\text{在籍労働者の}\boxed{B}} \times \boxed{C}$$

	A	B	C
(1)	疾病休業延日数	延所定労働日数	100
(2)	疾病休業延日数	延所定労働日数	1000
(3)	疾病休業件数	延所定労働日数	1000
(4)	疾病休業延日数	延所定労働時間数	100
(5)	疾病休業件数	延所定労働時間数	1000

解答・解説

問題1　**解答**　(3)

疾病休業日数率…　240 ／ 14,400 × 100 ＝ 1.6666…

病休件数年千人率…　23 ／ 60 × 1,000 ＝ 383.3333…

問題2　**解答**　(1)

出題内容を「負傷休業日数率」「病休度数率」等と混同しないこと

2 統計学の基礎的用語

偽陽性率と偽陰性率の意味を入れ替えたり，実際に計算させたりする問題が出題されています。その他，基本的な用語の意味もおさえておきましょう。

猫でもわかる重要ポイント

1 有所見率と発生率

①有所見率

ある時点（例えば4月1日）における検査の有所見者の割合です。

②発生率

一定の期間（例えば4月1日から9月1日）に有所見が発生した人の割合です。

2 偽陽性率と偽陰性率

①偽陽性率

疾病がないのに，陽性と判断された者の率です。

$$偽陽性率=\frac{偽陽性}{偽陽性+真陰性}\times 100$$

②偽陰性率

疾病があるのに陰性と判断された者の率です。

$$偽陰性率=\frac{偽陰性}{偽陰性+真陽性}\times 100$$

3 分布のバラツキ

集団のバラツキ程度は，分散や標準偏差によって表されます。

4 集団の比較

平均値が異なれば別集団，平均値が同じでも分散が異なれば別集団です。

5 スクリーニングレベル

ある検査で正常と有所見をふるい分けする測定値です。

測定値が高め　偽陽性率　⇒　低　　偽陰性率　⇒　高

測定値が低め　偽陽性率　⇒　高　　偽陰性率　⇒　低

ある事象と事象との間に，統計上，相関関係が認められても，それらの間に因果関係が無いこともあります。

試験によく出る重要問題

問題1　1,000人を対象としたある疾病のスクリーニング検査の結果と精密検査結果によるその疾病の有無は下表のとおりであった。このスクリーニング検査の偽陽性率及び偽陰性率の近似値の組合せとして，適切なものは(1)～(5)のうちどれか。

ただし，偽陽性率とは，疾病無しの者を陽性と判定する率をいい，偽陰性率とは，疾病有りの者を陰性と判定する率をいう。

精密検査結果による疾病の有無	スクリーニング検査結果	
	陽性	陰性
疾病有り	20	5
疾病無し	180	795

	偽陽性率（%）	偽陰性率（%）
(1)	18.5	0.5
(2)	18.5	20.0
(3)	80.0	0.5
(4)	80.0	20.0
(5)	90.0	0.6

問題2　労働衛生管理に用いられる統計に関する次の記述のうち，誤っているものはどれか。

(1)　生体から得られたある指標が正規分布という型をとって分布する場合，そのバラツキの程度は，分散や標準偏差によって表される。

(2)　集団を比較する場合，調査の対象とした項目のデータの平均値が等しくても分散が異なっていれば，異なった特徴をもつ集団であると評価される。

(3)　健康管理統計において，ある時点での検査における有所見者の割合を有所見率といい，一定期間に有所見が発生した者の割合を発生率という。

(4)　ある事象と健康事象との間に，統計上，一方が多いと他方も多いというような相関関係が認められても，それらの間に因果関係がないこともある。

(5)　労働衛生管理では，種々の検査において，正常者を有所見者と判定する率が低くなるようにスクリーニングレベルが高く設定されるため，有所見の判定の適中率が低い統計データとなる。

解答・解説

問題1　解答　(2)

偽陽性率…疾病がないのに，陽性と判断された者の率

偽陰性率…疾病があるのに，陰性と判断された者の率

偽陽性率…180 ÷（795 + 180）× 100 ≒ 18.5％

偽陰性率… 5 ÷（20 + 5 ）× 100 = 20％

問題2　解答　(5)

労働衛生管理では，正常者を有所見者と判定する率（偽陽性率）を「高く」する方がより厳しく管理をすることが出来るため，スクリーニングレベルを「低く」設定するのが望ましいです。その結果として有所見の判定の的中率は低い統計データとなります。

1 心肺蘇生

・救急措置の種類

- 救命措置 ⇒ 心肺蘇生法、AED(自動体外式除細動器),気道異物除去
- 応急手当 ⇒ 止血法、火傷,骨折の手当

猫でもわかる重要ポイント

1 方法

①気道確保せずに意識を確認（胸と腹の動きを見る）10秒以内で（周囲に注意喚起し協力者を確保する）

②反応はないが普段どおりの呼吸をしている場合は，回復体位をとらせる

③呼吸がなければ気道を確保※し，胸骨圧迫を30回行う（1分間に少なくとも100～120回のペースで，胸が少なくとも5 cm沈む程度） ※気道の確保：仰向けのまま額を抑えてあごの先端を上方に持ち上げる

④人工呼吸を2回行う

⑤③と④を繰り返す

胸骨圧迫：人工呼吸＝30：2

胸骨圧迫(30回) → 人工呼吸(2回) → 胸骨圧迫(30回) → 人工呼吸(2回)…

救急隊が到着するまで
（AEDを装着した状態で）

2 AEDの使用

①電源パットの取り付け
・水分をふき取る
・肌に密着
・患者の胸の右上と左下

⇒

②心電図の解析
・周囲から離れる

⇒

③電気ショック
・心肺蘇生の再開
・パットも電源もそのまま

※電気ショック不要の音声メッセージが出たときは、胸骨圧迫を再開し、心肺蘇生を続ける

試験によく出る重要問題

問題 1　一次救命処置に関する次の記述のうち，誤っているものはどれか。

(1)　傷病者の反応がない場合は，大声で叫んで周囲に注意喚起し，協力者を確保する。

(2)　周囲に協力者がいる場合は，119 番通報や AED（自動体外式除細動器）の手配を依頼する。

(3)　口対口人工呼吸は，傷病者の鼻をつまみ，1 回の吹き込みに約 3 秒かけて傷病者の胸の盛り上がりが見える程度まで吹き込む。

(4)　胸骨圧迫は，胸が約 5 cm 沈む強さで，1 分間に 100～120 回のテンポで行う。

(5)　AED を用いた場合，電気ショックを行った後や電気ショックは不要と判断されたときには，音声メッセージに従い，胸骨圧迫を再開し心肺蘇生を続ける。

問題 2　一次救命処置に関する次の記述のうち，誤っているものはどれか。

(1)　気道を確保するためには，仰向けに寝かせた傷病者の顔を横から見る位置に座り，片手で傷病者の額を押さえながら，もう一方の手の指先を傷病者のあごの先端に当てて持ち上げる。

(2)　反応はないが普段どおりの呼吸をしている傷病者で，嘔吐，吐血などがみられる場合は，回復体位をとらせる。

(3)　心肺蘇生は，胸骨圧迫 30 回に人工呼吸 2 回を繰り返して行う。

(4)　胸骨圧迫は，胸が少なくとも 5 cm 沈む強さで胸骨の下半分を圧迫し，1 分間に 100～120 回のテンポで行う。

(5)　AED（自動体外式除細動器）による心電図の自動解析の結果，「ショックは不要です。」などのメッセージが流れた場合には，胸骨圧迫を行ってはならない。

問題3　**一次救命処置に関する次の記述のうち，正しいものはどれか。**

⑴　気道を確保するためには，仰向けにした傷病者のそばにしゃがみ，後頭部を軽く上げ，あごを下方に押さえる。

⑵　呼吸を確認して普段どおりの息（正常な呼吸）がない場合や約1分間観察しても判断できない場合は，心肺停止とみなし，心肺蘇生を開始する。

⑶　人工呼吸が可能な場合，心肺蘇（そ）生は，胸骨圧迫30回に人工呼吸2回を繰り返して行う。

⑷　胸骨圧迫は胸が少なくとも5 cm沈む強さで胸骨の下半分を圧迫し，1分間に少なくとも60回のテンポで行う。

⑸　AED（自動体外式除細動器）を用いて救命処置を行う場合には，人工呼吸や胸骨圧迫は，一切行う必要がない。

解答・解説

問題1　**解答**　⑶

吹き込みは「約1秒かけて2回」行います。

問題2　**解答**　⑸

ショック不要のメッセージが流れた後も胸骨圧迫を続ける必要があります。

問題3　**解答**　⑶

⑴気道を確保するには傷病者の額をおさえながら，指先を傷病者の顎の先端に当てて持ち上げます。

⑵呼吸の有無の確認は「10秒以内」に行います。

⑷1分間に少なくとも100～120回のテンポで行います。

⑸電気ショックを行った後や不要と判断された時には，音声メッセージに従い，胸骨圧迫を開始し心肺蘇生を続けます。

2 外傷

止血法についてよく出題されています。とくに止血帯法は最終手段であることに注意しましょう！

猫でもわかる重要ポイント

1 出血

・血液量は体重の 1/13
・短時間に 1/3 の失血で危険，1/2 で死亡
・四肢の大動脈以外は直接圧迫法が有効 （血液には直接触れないように行う）
・四肢の大動脈，顔面は間接圧迫法が有効である。
・内出血は，胸腔，腹腔などの体腔内や皮下などの軟部組織への出血で，血液が体外に流出しないもの

2 止血法

①直接圧迫法

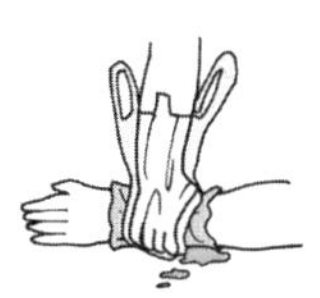

・最も簡単で効果的
一般市民への推奨

②間接圧迫法

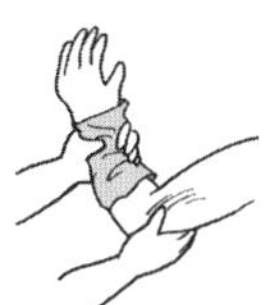

・心臓に近い部位の動脈を強く圧迫
例）顔面の出血
耳の前部の動脈
傷口から持続的に出血

③止血帯法（最終手段）

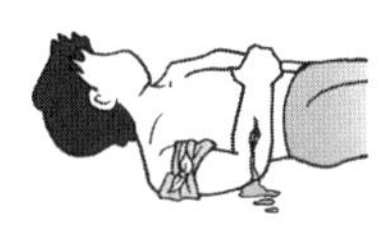

・最後の手段
・幅3 cm以上の広いものを使用

試験によく出る重要問題

問題1　出血及び止血法に関する次の記述のうち，誤っているものはどれか。

⑴　直接圧迫法は，出血部を直接圧迫する方法であり，最も簡単で効果的な方法である。

⑵　間接圧迫法は，出血部より心臓に近い部位の動脈を圧迫する方法である。

⑶　動脈性出血は，傷口からゆっくり持続的に湧き出るような出血である。

⑷　体内の全血液量の３分の１程度が急激に失われると，生命が危険な状態となる。

⑸　止血処置を行うときは，感染防止のため，ビニール手袋を着用したりビニール袋を活用したりして，血液に直接触れないようにする。

解答・解説

問題1　**解答**　⑶

動脈性出血は，傷口から一気に血が噴き出て失血死の恐れがあります

3 窒息

肺に水が入り込んでいないときは蘇生の可能性が高いということと，埋没による窒息の場合は頭から掘り出すということを覚えておきましょう！

猫でもわかる重要ポイント

1 窒息の種類

- 気道閉鎖 ⇒ 異物を詰まらせる，埋没，溺水
- 酸素不足 ⇒ 酸欠，吸入不足
- 有毒ガス吸引 ⇒ 意識喪失，けいれん，失禁

2 気道異物の除去

①固体を詰まらせた時

⇒ ハイムリック法（腹部突き上げ法）により除去

・意識がある場合
ハイムリック法（腹部突き上げ法）をする
妊婦や，幼児には，背部叩打法を使う
・意識がない場合
心肺蘇生の開始

②液体による窒息

・異物を取り除き，口対口呼気吹き込み式で人工呼吸をする

・溺れ始めから8～10分は肺に水が流れ込んでいなく蘇生の可能性が大きい

③埋没による窒息

・傷付けないように，頭から掘り出す

④溺水による窒息

・後方から近寄る

4 骨折

複雑骨折の意味についてよく出題されています。また脊椎の骨折が疑われる場合の搬送法も出題されています。

猫でもわかる重要ポイント

骨折の種類	症状等
単純骨折（皮下骨折）	皮膚損傷のないもの
複雑骨折（開放骨折）	骨の先端が皮膚からでているもの
完全骨折	骨が折れたもの
不完全骨折	骨にひびが入ったもの

- 副子を当てる時は，副子の先端が手先，足先から少し出る程度にする（上下の関節よりも長いものを使う！）
- 脊椎の骨折が疑われる場合は，搬送時に硬い板に載せる
- 骨折部を動かして，動きを確かめたりは絶対にしない

試験によく出る重要問題

問題1　骨折及びその救急処置に関する次の記述のうち，誤っているものはどれか。

(1)　骨にひびの入った状態を不完全骨折といい，骨が完全に折れている状態を完全骨折という。

(2)　骨が1か所で折れている状態を単純骨折といい，骨が2か所以上で折れたり，砕けている部分のある状態を複雑骨折という。

(3)　骨折部が皮膚から露出した状態を開放骨折という。

(4)　骨折部を副子で固定するときには，骨折した部分が変形していても，そのままの状態を保持して，直近の関節部を含めた広い範囲を固定する。

(5)　脊髄損傷が疑われる傷病者を移動させる必要があるときには，硬い板などの上に載せる。

問題2　骨折及びその救急処置に関する次の記述のうち，正しいものはどれか。

(1)　複雑骨折とは，骨が多数の骨片に破砕された状態をいう。

(2)　皮膚から突出している骨は，直ちに皮下に戻すようにする。

(3)　骨折が疑われる部位は，よく動かしてその程度を判断する必要がある。

(4)　骨折部の固定のため副子を手や足に当てるときは，その先端が手先や足先から出ないようにする。

(5)　損傷が皮膚にまで及ばない骨折のことを単純骨折という。

解答・解説

問題1　**解答**　(2)

損傷が皮膚にまで及ばない骨折のことを「単純骨折」，骨の先端が皮膚から出ている骨折のことを「複雑骨折」（開放骨折）といいます

問題2　**解答**　(5)

(1)複雑骨折とは，骨の先端が皮膚から出ている骨折（開放骨折）のことです

(2)感染を起こしやすいので骨には触らないようにします。

(3)骨折が疑われる部位は，決して動かしてはなりません。

(4)骨折部の固定のための副子は，先端が手先や足先から少し「出る」ようにします。

5 救命用具

出題頻度は高くありません。エタノール消毒液の濃度をおさえておきましょう！

猫でもわかる重要ポイント

・エタノール消毒液は70～80 %の濃度で最も殺菌作用を発揮する。

6 火傷（熱傷）

火傷による水疱は決して破ってはいけません。

猫でもわかる重要ポイント

これ重要！

程度	症状	手当
第Ⅰ度 （皮膚表面）	皮膚が赤くなり，ヒリヒリ痛む	水で冷やす
第Ⅱ度 （真皮に及ぶ）	水疱ができて，強い痛み，灼熱感がある	水疱は破かない！
第Ⅲ度 （皮下組織に及ぶ）	白っぽくなりただれてくる	水で冷やし，消毒ガーゼを当てて包帯する。水疱はやぶかない

関連補足

①体表面の 20％以上の火傷で非常に危険

②体表面の 1/3 の火傷で死亡

③してはいけない処置…軟膏・油，中和剤の使用，タール・アスファルトをはがす，着衣を脱がす

④低温熱傷は，一見，軽症にみえても熱傷深度は深く難治性の場合が多い

⑤熱傷部位が広くショックに陥ったときは，寝かせて頭部を低くする体位をとらせる

⑥熱傷の範囲が広い場合，冷やし過ぎにより低体温となるおそれがあるので注意が必要

試験によく出る重要問題

問題1　熱傷の救急処置などに関する次の記述のうち，誤っているものはどれか。

(1)　熱傷は，Ⅰ～Ⅲ度に分類され，水疱（ほう）ができる程度の熱傷は，Ⅱ度に分類される。
(2)　水疱ができたときは，周囲に広がらないように水疱を破って清潔なガーゼや布で軽く覆う。
(3)　熱傷面は，すぐに水をかけて十分冷やすことが応急手当のポイントであるが，熱傷の範囲が広い場合，全体を冷却し続けることは低体温となるおそれがあるので注意が必要である。
(4)　衣類を脱がすときは，熱傷面に付着している衣類は残して，その周囲の部分だけを切りとる。
(5)　45℃程度の熱源への長時間接触による低温熱傷は，一見，軽症にみえても熱傷深度は深く難治性の場合が多い。

問題2　熱傷の救急処置などに関する次の記述のうち，正しいものはどれか。

(1)　熱傷は，Ⅰ～Ⅲ度に分類され，Ⅰ度は水疱（ほう）ができる程度のもので，強い痛みと灼（しゃく）熱感を伴う。
(2)　衣類を脱がすときは，熱傷面に付着している衣類は残して，その周囲の部分だけを切りとる。
(3)　水疱ができたときは，周囲に広がらないように破って清潔なガーゼや布で軽く覆う。
(4)　化学薬品がかかった場合は，直ちに中和剤により中和した後，水で洗浄する。
(5)　高温のアスファルトやタールが皮膚に付着した場合は，水をかけて冷やしたりせず，早急に皮膚から取り除く。

解答・解説

問題1　**解答**　(2)
水泡は破いてはいけません
問題2　**解答**　(2)
(1)水泡ができるのはⅡ度です。
(3)水泡は破いてはいけません。
(4)中和剤は用いずに，直に水で洗浄する。
(5)皮膚がはがれてしまうおそれがあるので，そのまま冷やします。

第 3 編

労働生理

労働生理は中学の理科および高校の生物の内容について学びます。理科が得意だった方と不得意だった方で，この分野は得意分野になったり，不得意分野になったりと，はっきりと分かれます。他の分野で得点できても，この科目で足切りになって不合格になってしまう方も多くいます。要点を簡潔にまとめていますので，繰り返し学習しましょう。

1 循環器系

心臓の血液循環の順番は図で覚えるようにしましょう。心臓の４つの部屋からどのように血液が流れているのか自分でも簡単な絵を描けるようになるといいでしょう。

猫でもわかる重要ポイント

1 心臓の血液の流れ

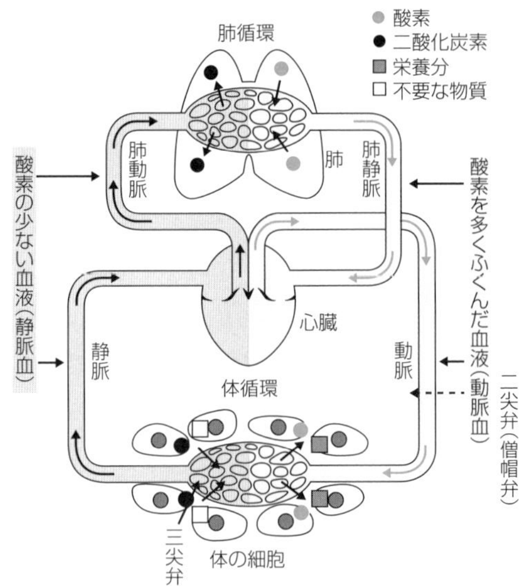

2 心臓の構造

・動脈：血液が出ていく血管　　　静脈：血液が戻る血管（肺動脈は酸素が少ない静脈血）

・動脈血：酸素を多く含む血液　　静脈血：二酸化炭素を多く含む血液

心臓は大動脈の起始部から出る冠状動脈によって酸素や栄養分の供給を受け

ています。

3 血液の循環

・肺循環：右心室　⇒　肺動脈　⇒　肺　⇒　肺静脈　⇒　左心房
・体循環：左心室　⇒　大動脈　⇒　各臓器など　⇒　大静脈　⇒　右心房
（肺を除く各組織の毛細血管を通過する血液の流れは，体循環の一部）

4 心臓の動き

①洞房結節で発生した刺激が刺激伝導系を介して心筋に伝わり，左右の心房が同時に収縮・弛緩し，続けて左右の心室が同時に収縮・弛緩する。つまり，心室と心房は交互である。
②収縮期（拍出），拡張期（流入），休止期がある
③心臓の拍動は，自律神経の支配を受けている

本試験によく出る重要問題

問題1　心臓の働きと血液の循環に関する次の記述のうち，誤っているものはどれか。

(1)　心臓の中にある洞結節（洞房結節）で発生した刺激が，刺激伝導系を介して心筋に伝わることにより，心臓は規則正しく収縮と拡張を繰り返す。
(2)　体循環は，左心室から大動脈に入り毛細血管を経て静脈血となり右心房に戻ってくる血液の循環である。
(3)　肺循環は，右心室から肺動脈を経て肺の毛細血管に入り，肺静脈を通って左心房に戻る血液の循環である。
(4)　心臓の拍動は，自律神経の支配を受けている。
(5)　心筋は，意志と無関係に動く不随意筋であるが，平滑筋に分類される。

問題2　心臓及び血液循環に関する次の記述のうち，誤っているものはどれか。

(1)　心臓は，自律神経の中枢で発生した刺激が刺激伝導系を介して心筋に伝わることにより，規則正しく収縮と拡張を繰り返す。
(2)　肺循環により左心房に戻ってきた血液は，左心室を経て大動脈に入る。
(3)　大動脈を流れる血液は動脈血であるが，肺動脈を流れる血液は静脈血である。
(4)　心臓の拍動による動脈圧の変動を末梢（しょう）の動脈で触知したものを脈拍といい，一般に，手首の橈（とう）骨動脈で触知する。
(5)　動脈硬化とは，コレステロールの蓄積などにより，動脈壁が肥厚・硬化して弾力性を失った状態であり，進行すると血管の狭窄（さく）や閉塞を招き，臓器への酸素や栄養分の供給が妨げられる。

問題3　**下図は，血液循環の経路を模式的に表したものであるが，図中の血管ア～カを流れる血液に関する(1)～(5)の記述のうち，誤っているものはどれか。**

(1)　血管ア及び血管イはいずれも動脈であるが，血管アには静脈血が流れる。
(2)　血管ア～カを流れる血液のうち，酸素が最も多く含まれる血液は，血管イを流れる血液である。
(3)　血管ウを流れる血液には，血管イを流れる血液に比べて二酸化炭素が多く含まれる。
(4)　血管カを流れる血液には，血管エを流れる血液に比べて尿素が多く含まれる。
(5)　血管ア～カを流れる血液のうち，食後，ブドウ糖が最も多く含まれる血液は，血管オを流れる血液である。

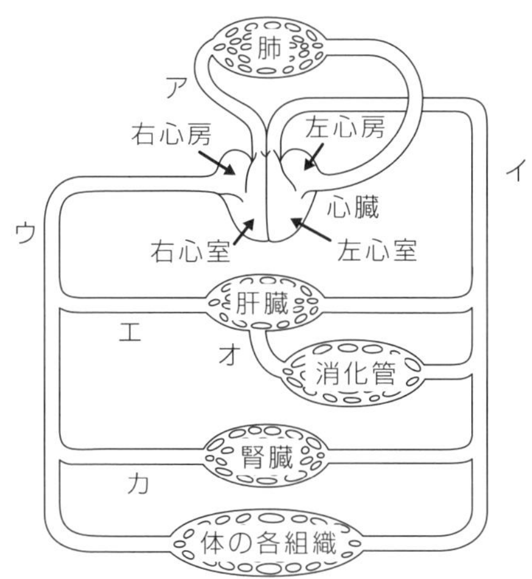

解答・解説

問題1　**解答**　(5)
心筋は意思と無関係に動く不随意筋ですが，随意筋である骨格筋と同じ【横紋筋】に分類されます。

問題2　**解答**　(1)
心臓は，心臓の中にある「洞結節（洞房結節）」で発生した刺激が刺激伝導系を介して心筋に伝わることにより，規則正しく収縮と拡張を繰り返します。

問題3　**解答**　(4)
血管カには，腎臓で尿素等をろ過した血液が流れており，血管エにはろ過されていない尿素等老廃物が含まれる血液が流れているので尿素はエを流れる血液の方が多いです。

2 筋肉

心筋は横紋筋でありながら，不随意筋。直立姿勢時など筋肉の長さが変わらない等尺性収縮と屈伸運動時のように筋肉の長さが変化する等張性収縮がある。

猫でもわかる重要ポイント

1 筋肉の種類

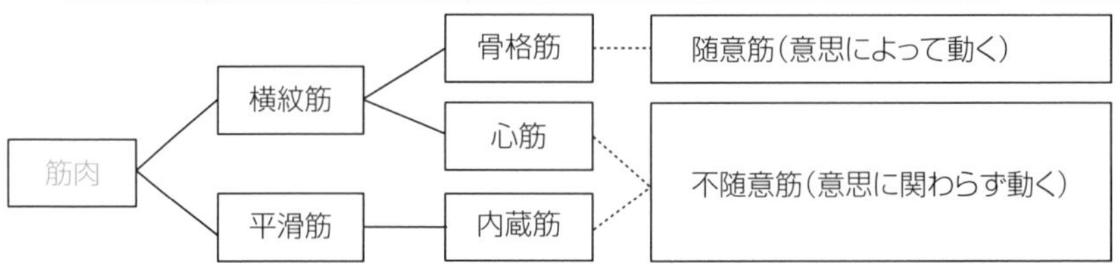

横紋筋…明るいところと暗いところがあり、縞状に紋のように見える筋肉

2 筋肉の収縮

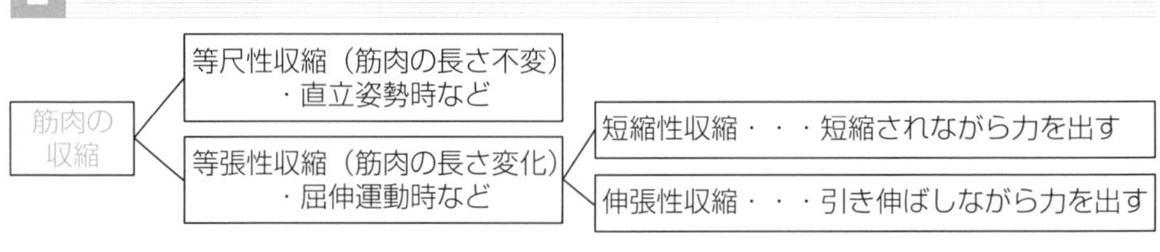

・筋収縮には，グリコーゲン，りん酸化合物などのエネルギー源が必要
・直接のエネルギーはATP（アデノシン三リン酸）の加水分解によってまかなわれる

3 筋肉の収縮と動作の関係

一番大きな力を出すのは？　→	収縮時　最大筋力は筋肉の断面積 1cm^{2}あたり約 6.5kg（性差，年齢差がほとんどない）
仕事量が一番大きいのは？　→	負荷が適当なとき
引き上げることのできる高さは？　→	長さに比例
仕事の作業効率が大きいのは？　→	縮む速さが適当なとき
収縮力が大きいのは？　→	筋の太さが太い時（運動で筋肉が太くなること：筋肉の活動性肥大）
刺激に対して意識とは無関係に起こる定型的な反応⇒	反射（膝蓋腱（しつがいけん）反射などの伸張反射）

4 筋肉の疲労現象

筋肉が疲労するとき，体内では次の現象が起こっています。

筋肉 → グリコーゲンが完全に分解されない → ATP再合成不可 → 乳酸の増加 → 疲労

酸素が十分な時　⇒　水と二酸化炭素に分解される

酸素が不十分な時⇒　乳酸が蓄積

また，筋肉は神経に比べて疲労しやすいです。

本試験によく出る重要問題

問題1　筋肉に関する次の記述のうち，誤っているものはどれか。

(1)　筋肉は，神経から送られてくる刺激によって収縮するが，神経に比べて疲労しやすい。
(2)　筋収縮には，グリコーゲン，りん酸化合物などのエネルギー源が必要で，特に，直接のエネルギーはATPの加水分解によってまかなわれる。
(3)　筋肉中のグリコーゲンは，筋肉の収縮時に酵素が不足していると，水と二酸化炭素にまで分解されず乳酸になる。
(4)　荷物を持ち上げたり，屈伸運動を行うときは，筋肉が長さを変えずに外力に抵抗して筋力を発生させる等尺性収縮が生じている。
(5)　運動することによって筋肉が太くなることを筋肉の活動性肥大という。

問題2　筋肉に関する次の記述のうち，正しいものはどれか。

(1)　筋肉中のグリコーゲンは，酸素が十分に与えられると完全に分解され，最後に乳酸になる。
(2)　筋肉の縮む速さが速ければ速いほど，仕事の効率は大きい。
(3)　強い力を必要とする運動を続けていても，筋肉を構成する個々の筋線維の太さは変わらないが，その数が増えることによって筋肉が太くなり筋力が増強する。
(4)　人が直立しているとき，姿勢保持の筋肉には，常に等張性収縮が生じている。
(5)　長時間の姿勢維持を伴うVDT作業などでは，持続的な筋収縮を必要とする等尺性収縮が主体となるため，血行不良や筋疲労が生じやすい。

問題3　筋肉に関する次の記述のうち，正しいものはどれか。

(1)　筋肉の縮む速さが速ければ速いほど，仕事の効率は大きい。
(2)　筋肉は神経からの刺激によって収縮するが，神経より疲労しにくい。
(3)　荷物を持ち上げたり，屈伸運動を行ったりするときは，筋肉が長さを変えずに外力に抵抗して筋力を発生させる等尺性収縮が生じている。
(4)　強い力を必要とする運動を続けていても，筋肉を構成する個々の筋線維の太さは変わらないが，その数が増えることによって筋肉が太くなり筋力が増強する。
(5)　刺激に対して意識とは無関係に起こる定型的な反応を反射といい，最も単純な反射には，膝蓋腱反射などの伸張反射がある。

解答・解説

問題1　**解答**　(4)

荷物を持ち上げたり，屈伸運動を行う時は，筋肉の長さが変わる「等張性収縮」が生じています。

問題2　**解答**　(5)

(1)グリコーゲンは酸素が不足した場合に完全に分解出来ずに「乳酸」になる。酸素が十分あると完全に分解されるため乳酸にはなりません。

(2)筋肉の縮む速さが「適当なとき」に仕事の効率が大きくなります。

(3)強い力を必要とする運動を続けていると「筋線維が太くなり」筋力が増強します。

(4)人が直立している時は「等尺性収縮」が生じています。

問題3　**解答**　(5)

(1)筋肉の縮む速さが「適当なとき」に仕事の効率は大きくなります。

(2)筋肉と神経では，筋肉の方が疲労しやすいです。

(3)荷物を持ち上げたり，屈伸運動をする時は「等張性収縮」が生じています。

(4)筋線維が太くなることにより筋力が増強します。

3 呼吸器系

呼吸中枢は延髄の網様体にあります。血液中の二酸化炭素分圧が刺激となって呼吸運動がおこります。

猫でもわかる重要ポイント

1 呼吸の種類

①外呼吸

肺呼吸ともいい，肺胞内の空気と肺胞を取り巻く毛細血管中の血液中の二酸化炭素を交換することです。

②内呼吸

組織呼吸ともいいます。全身の毛細血管と各組織細胞との間で行われる酸素と二酸化炭素を交換する組織呼吸です。

2 呼吸運動

肺自体には運動能力がありません。呼吸筋（肋骨筋（ろっこつきん））と横隔膜の協調運動により胸部内容積を変化させて，肺を伸縮させています。

横隔膜がさがる ⟶ 胸郭内容積が増す ⟶ 内圧が下がる ⟶ 肺に空気が流入（吸気という）

成人の呼吸数は，通常，1分間に16〜20回で食事，入浴及び発熱によって増加する。

3　呼吸中枢

呼吸中枢は延髄の網様体にあり，一定量以上の二酸化炭素が血液中に含まれていることが必要です。

血液中の二酸化炭素濃度が増加すると，呼吸中枢が刺激（抑制ではありません）され，肺でのガス交換の量が多くなり，呼吸が速く深くなります。また，身体活動時には，血液中の二酸化炭素分圧の上昇などにより呼吸中枢が刺激され，１回換気量及び呼吸数が増加する

本試験によく出る重要問題

問題１　呼吸に関する次の記述のうち，誤っているものはどれか。

(1)　呼吸運動は，横隔膜，肋(ろっ)間筋などの呼吸筋が収縮と弛(し)緩をすることで胸腔(くう)内の圧力を変化させ，肺を受動的に伸縮させることにより行われる。

(2)　横隔膜が下がり，胸腔の内圧が低くなるにつれ，鼻腔，気管などの気道を経て肺内へ流れ込む空気が吸気である。

(3)　肺胞内の空気と肺胞を取り巻く毛細血管中の血液との間で行われるガス交換を行う呼吸を外呼吸という。

(4)　呼吸に関与する筋肉は，延髄にある呼吸中枢によって支配されている。

(5)　呼吸中枢がその興奮性を維持するためには，常に一定量以上の一酸化炭素が血液中に含まれていることが必要である。

問題２　呼吸に関する次の記述のうち，誤っているものはどれか。

(1)　呼吸運動は，気管と胸膜の協調運動によって，胸郭内容積を周期的に増減させて行われる。

(2)　胸郭内容積が増し，その内圧が低くなるにつれ，鼻腔(くう)や気管などの気道を経て肺内へ流れ込む空気が吸気である。

(3)　肺胞内の空気と肺胞を取り巻く毛細血管中の血液との間で行われる酸素と二酸化炭素のガス交換を肺呼吸又は外呼吸という。

(4)　全身の毛細血管中の血液が各組織細胞に酸素を渡して二酸化炭素を受け取るガス交換を内呼吸又は組織呼吸という。

(5)　血液中の二酸化炭素濃度が増加すると，呼吸中枢が刺激され，肺でのガス交換の量が多くなる。

問題3　呼吸に関する次の記述のうち，正しいものはどれか。

(1) 呼吸運動は，横隔膜や肋(ろっ)骨筋などの呼吸筋が収縮と弛(し)緩をすることで胸腔(くう)内の圧力を変化させ，肺を受動的に伸縮させることにより行われる。

(2) 肺胞内の空気と肺胞を取り巻く毛細血管内の血液との間で行われるガス交換は，内呼吸である。

(3) 成人の呼吸数は，通常，1分間に16〜20回であるが，食事，入浴及び発熱によって減少する。

(4) 呼吸に関与する筋肉は，間脳の視床下部にある呼吸中枢によって支配されている。

(5) 身体活動時には，血液中の窒素分圧の上昇により呼吸中枢が刺激され，1回換気量及び呼吸数が増加する。

解答・解説

問題1　解答 (5)

呼吸中枢がその興奮性を維持するためには，常に一定量以上の【二酸化炭素】が血液中に含まれていることが必要です

問題2　解答 (1)

呼吸運動は，横隔膜や肋間筋などの呼吸筋が収縮と弛緩をすることで胸腔内の圧力を変化させ，肺を受動的に伸縮させることにより行われます

問題3　解答 (1)

(2)記載の内容は「外呼吸」です。
(3)成人の呼吸数は食事，入浴や発熱によって「増加」します。
(4)呼吸中枢がある場所は「延髄」です。
(5)身体活動中は，血液中の「二酸化炭素分圧」の上昇により呼吸中枢が刺激されます。

4 消化器系

消化酵素名や分解産物の組み合わせは必須問題です。ビタミンや無機塩類は分解されずに吸収されます。

猫でもわかる重要ポイント

1 栄養素の分解と吸収

これ重要！

	糖質	タンパク質	脂質	ビタミン 無機塩類
分解場所	口	胃	十二指腸	分解されずに吸収
消化酵素	アミラーゼ	ペプシン トリプシン	リパーゼ	
分解産物	ブドウ糖	アミノ酸	脂肪酸・ グリセリン	
吸収	小腸・大腸（おもに水分）			

留意事項

- 脂質は，糖質や蛋白質に比べて多くのATPを産生するエネルギー源となる(摂取量が多すぎると肥満の原因)
- ブドウ糖及びアミノ酸は，絨毛から吸収されて毛細血管に入る
- 脂肪酸とグリセリンは，絨毛から吸収された後，大部分は脂肪となってリンパ管に入る
- 蛋白質は，約20種類のアミノ酸が結合してできており，内臓，筋肉，など人体の臓器などを構成する主成分
- 血液循環に入ったアミノ酸は，体内の各組織において蛋白質に再合成される

・栄養素の合成を【同化】，分解による摂取を【異化】といい，それを合わせて【代謝】という

本試験によく出る重要問題

問題1　次のAからDまでの消化酵素について，蛋白質の消化に関与しているものの組合せは(1)〜(5)のうちどれか。

A　リパーゼ
B　ペプシン
C　アミラーゼ
D　トリプシン

(1)　A，B
(2)　A，C
(3)　B，C
(4)　B，D
(5)　C，D

問題2　摂取した食物中の炭水化物（糖質）は消化管において主にブドウ糖に，同じく脂肪は脂肪酸とグリセリンに，同じく蛋白質はアミノ酸に分解されるが，これらの分解されたものの小腸における吸収に関する次の文中の［　　］内に入れるAからDの語句の組合せとして正しいものは(1)〜(5)のうちどれか。

「［A］及び［B］は，絨毛から吸収されて毛細血管に入る。
［C］は，絨毛から吸収された後，大部分は［D］となってリンパ管に入る。」

	A	B	C	D
(1)	ブドウ糖	脂肪酸とグリセリン	アミノ酸	脂肪
(2)	ブドウ糖	脂肪酸とグリセリン	アミノ酸	蛋白質
(3)	ブドウ糖	アミノ酸	脂肪酸とグリセリン	脂肪
(4)	脂肪酸とグリセリン	アミノ酸	ブドウ糖	蛋白質
(5)	脂肪酸とグリセリン	アミノ酸	ブドウ糖	脂肪

問題 3　脂肪の分解・吸収及び脂質の代謝に関する次の記述のうち，誤っているものはどれか。

(1)　胆汁は，アルカリ性で，消化酵素は含まないが，食物中の脂肪を乳化させ，脂肪分解の働きを助ける。

(2)　脂肪は，膵臓から分泌される消化酵素である膵アミラーゼにより脂肪酸とグリセリンに分解され，小腸の絨毛から吸収される。

(3)　肝臓は，コレステロールとリン脂質を合成し，また，余剰の蛋白質と糖質を中性脂肪に変換する。

(4)　コレステロールやリン脂質は，細胞膜の成分となる。

(5)　脂質は，糖質や蛋白質に比べて多くの ATP を産生するエネルギー源となるが，摂取量が多すぎると肥満の原因となる。

問題 4　蛋白質並びにその分解，吸収及び代謝に関する次の記述のうち，誤っているものはどれか。

(1)　蛋白質は，約 20 種類のアミノ酸が結合してできており，内臓，筋肉，皮膚など人体の臓器などを構成する主成分である。

(2)　蛋白質は，膵臓から分泌される消化酵素である膵リパーゼなどによりアミノ酸に分解され，小腸から吸収される。

(3)　血液循環に入ったアミノ酸は，体内の各組織において蛋白質に再合成される。

(4)　肝臓では，アミノ酸から多くの血漿蛋白質が合成される。

(5)　飢餓時には，肝臓などでアミノ酸などからブドウ糖を生成する糖新生が行われる。

問題 5　摂取した食物中の炭水化物（糖質），脂質及び蛋白質を分解する消化酵素の組合せとして，正しいものは次のうちどれか。

	炭水化物（糖質）	脂質	蛋白質
(1)	アミラーゼ	リパーゼ	トリプシン
(2)	トリプシン	アミラーゼ	ペプシン
(3)	ペプシン	アミラーゼ	トリプシン
(4)	ペプシン	リパーゼ	アミラーゼ
(5)	アミラーゼ	トリプシン	リパーゼ

解答・解説

問題1　**解答**　(4)

A. リパーゼ…脂肪（トリグリセリド）を最終的にモノグリセリドと脂肪酸に分解する

B. ペプシン…タンパク質をペプトンにする

C. アミラーゼ…多糖であるデンプンを主に二糖であるマルトースに変える

D. トリプシン…タンパク質やペプトンをポリペプチドやオリゴペプチドにする

問題2　**解答**　(3)

A. ブドウ糖

B. アミノ酸

C. 脂肪酸とグリセリン

D. 脂肪

問題3　**解答**　(2)

脂肪を脂肪酸とグリセリンに分解するのは「リパーゼ」です。

問題4　**解答**　(2)

蛋白質は，膵臓から分泌される消化酵素である「トリプシン」などによりアミノ酸に分解されます。「膵リパーゼ」は脂質を分解する消化酵素です。

問題5　**解答**　(1)

2 肝臓

①大きさと構造

肝臓は人体最大の臓器であり，肝臓には3つの血管が出入りしています（5分の4が門脈血）

・肝動脈（酸素を与える）
・門脈（胃腸から栄養分を運んでくる）
・肝静脈（浄化した血液を心臓へ送る）

血液の通る順

・門脈　⇒　肝臓　⇒　肝静脈　⇒　大静脈

②肝機能検査

肝臓にある酵素：γ―GTP，GOT，GPT（肝臓疾患の場合，これらの数値は上昇する）

③肝臓の機能

（ア）物質代謝

・アミノ酸　→　血漿蛋白質（けっしょうたんぱくしつ）（アルブミン）の合成，飢餓時にブドウ糖の生成（糖新生）
・ブドウ糖　→　グリコーゲンを合成（血糖値が上昇時），分解（血糖値が下降時）
・脂肪酸　→　コレステロールを合成

（イ）胆汁の分泌

・アルカリ性の胆汁を生成し胆のうへ蓄えられる
・消化酵素ではないので，脂肪は分解できないが，消化しやすいコロイド状に乳化させ脂肪の分解を助ける

（ウ）解毒作用

身体に有害な物質（アルコールなど）を分解します。

（エ）尿素の生成

余分なアミノ酸を分解して尿素を生成します

（オ）その他

・血液凝固物質や血液凝固阻止物質を生成
・コレステロールとリン脂質を合成し，余剰の蛋白質と糖質を中性脂肪に変換する　⇒　コレステロールとリン脂質は細胞膜の成分

本試験によく出る重要問題

問題１　肝臓の機能として，誤っているものは次のうちどれか。

⑴　コレステロールの合成
⑵　尿素の合成
⑶　乳酸の合成
⑷　胆汁の生成
⑸　グリコーゲンの合成及び分解

問題２　成人の肝臓の機能として，誤っているものは次のうちどれか。

⑴　脂肪酸の分解及びコレステロールの合成
⑵　胆汁の生成
⑶　赤血球の産生及び分解
⑷　アルコールなどの身体に有害な物質の分解
⑸　グリコーゲンの合成及び分解

解答・解説

問題１　**解答**　⑶
肝臓の機能に「乳酸の合成」はありません
問題２　**解答**　⑶
赤血球の「破壊」が肝臓の機能です。

5 腎臓・泌尿器系

原尿に含まれる成分と，尿に含まれる成分の違いを抑えましょう。腎臓機能が低下すると各種検査数値が高くなります。

猫でもわかる重要ポイント

1 腎臓

①構造と役割

- 腎臓の外側の層に皮質，内側に髄質がある
- 皮質部分にはネフロンといわれる腎小体と尿細管が100万ある
- 腎小体は毛細血管の集合体である糸球体とボーマン嚢からなる

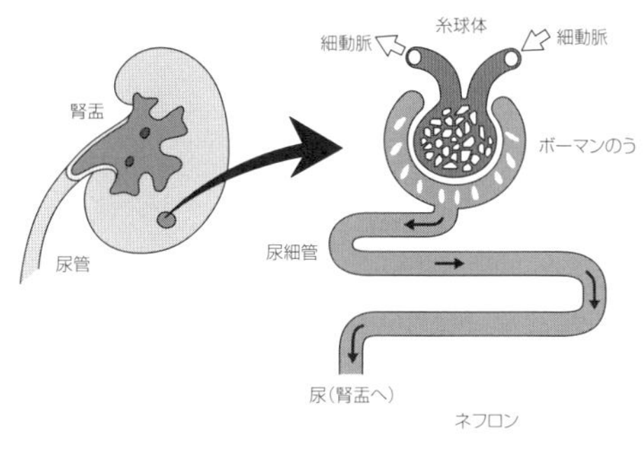

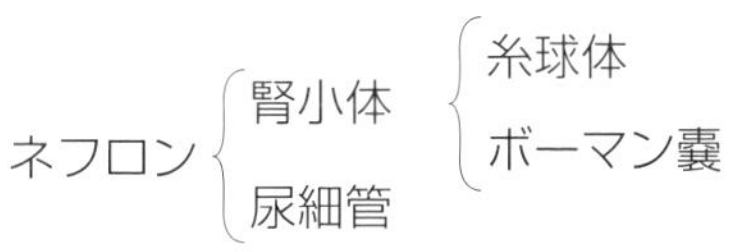

②尿について

- 尿は淡黄色の液体で，固有の臭気を有し，通常，弱酸性
- 原尿：糸球体からボーマン嚢へ，タンパク質や血球以外の成分（グルコース等）がこし出されたもの
  ※原尿には「糖」は含まれる
- 水分，電解質， 糖などの成分が尿細管において血液中に再吸収されて膀胱に溜まり排泄される
- 1日 1.5 リットル生成し，弱酸性，健康状態を反映するので健康診断などで利用

- 比重は1.02で水よりも少し大きい（水よりも重い）95％が水，残りが固形物
- 慢性腎炎やネフローゼにより尿たんぱくが増加する
- 尿糖→　糖尿病，腎性糖尿，血糖値が正常値でも体質的に腎臓から糖がもれるものを腎性糖尿とよぶ
- 尿潜血　→　腎炎，膀胱炎の他，腎臓，膀胱の腫瘍
- 血液中の尿素窒素（BUN）は腎臓機能が低下すると値が高くなる
- 血中の老廃物は，糸球体からボウマン嚢に濾し出される

③尿生成の過程

- ボーマン嚢　→　尿細管（近位尿細管→ヘンレ係蹄→遠位尿細管）　→　腎う　→　尿管　→　膀胱→　尿道　→体外に排出

　腎臓から1本ずつ尿管が出ていて膀胱へつながっている

本試験によく出る重要問題

問題1　腎臓・泌尿器系に関する次の記述のうち，誤っているものはどれか。

(1)　腎臓の腎小体では，糸球体から血液中の血球及び蛋白質以外の成分がボウマン嚢(のう)に濾(こ)し出され，原尿が生成される。

(2)　腎臓の尿細管では，原尿に含まれる大部分の水分及び身体に必要な成分が血液中に再吸収され，残りが尿として生成される。

(3)　腎臓は，背骨の両側に左右一対あり，それぞれの腎臓から複数の尿管が出て，膀胱(ぼうこう)につながっている。

(4)　尿は淡黄色の液体で，固有の臭気を有し，通常，弱酸性である。

(5)　尿の約95％は水分で，約5％が固形物であるが，その成分が全身の健康状態をよく反映するので，尿検査は健康診断などで広く行われている。

問題2　腎臓又は尿に関する次のAからDまでの記述について，誤っているものの組合せは(1)～(5)のうぢどれか。

A　腎臓の皮質にある腎小体では，糸球体から血液中の血球及び糖以外の成分がボウマン嚢(のう)に濾(こ)し出され，原尿が生成される。

B　腎臓の尿細管では，原尿に含まれる大部分の水分及び身体に必要な成分が血液中に再吸収され，残りが尿として生成される。

C　尿は淡黄色の液体で，固有の臭気を有し，通常，弱アルカリ性である。

D　尿の約95％は水分で，約5％が固形物であるが，その成分は全身の健康状態をよく反映するので，尿検査は健康診断などで広く行われている。

(1)　A，B
(2)　A，C
(3)　A，D
(4)　B，C
(5)　C，D

問題3　腎臓又は尿に関する次の記述のうち，正しいものはどれか。

(1)　血中の老廃物は，尿細管からボウマン嚢(のう)に濾(こ)し出される。

(2)　血中の蛋(たん)白質は，糸球体からボウマン嚢に濾し出される。

(3)　血中のグルコースは，糸球体からボウマン嚢に濾し出される。

(4)　原尿中に濾し出された電解質の多くは，ボウマン嚢から血中に再吸収される。

(5)　原尿中に濾し出された水分の大部分は，そのまま尿として排出される。

問題4　腎臓での尿の生成に関する次の文中の［　　］内に入れるAからDの語句の組合せとして，正しいものは⑴〜⑸のうちどれか。

「腎小体を通る血液中の血球及び［A］以外の成分は，糸球体から［B］に濾(ろ)過されて原尿になる。原尿中の水分，電解質，［C］などの成分が［D］において血液中に再吸収され，残った成分で生成された尿は膀胱(ぼうこう)にたまり体外に排泄(せつ)される。」

	A	B	C	D
⑴	蛋(たん)白質	尿細管	糖	ボウマン嚢(のう)
⑵	糖	ボウマン嚢	蛋白質	尿細管
⑶	糖	ボウマン嚢	アミノ酸	尿細管
⑷	糖	尿細管	蛋白質	ボウマン嚢
⑸	蛋白質	ボウマン嚢	糖	尿細管

解答・解説

問題1　解答　⑶

腎臓は，背骨の両側に左右一体あり，それぞれの腎臓から【一本ずつ】の尿管が出て膀胱につながっています

問題2　解答　⑵

A．腎小体で，糸球体からボウマン嚢に濾し出されるのは「血球」「蛋白質」以外の成分で「糖」は含まれている

B．正しい

C．尿は通常は「弱酸性」である

D．正しい

問題3　解答　⑶

⑴血中の老廃物は「糸球体」からボウマン嚢に濾し出されます。

⑵血中の蛋白質は分子構造が大きいため，ボウマン嚢には濾し出されません。

⑶正しい

⑷原尿中に濾し出された電解質の多くは，「尿細管」から血液中に再吸収されます。

⑸原尿中に濾し出された水分の大部分は，尿細管から血液中に再吸収されます。

問題4　解答　⑸

6 神経系

神経の構造および交感神経と副交感神経の作用についてよく出題されています。

猫でもわかる重要ポイント

1 神経の体系

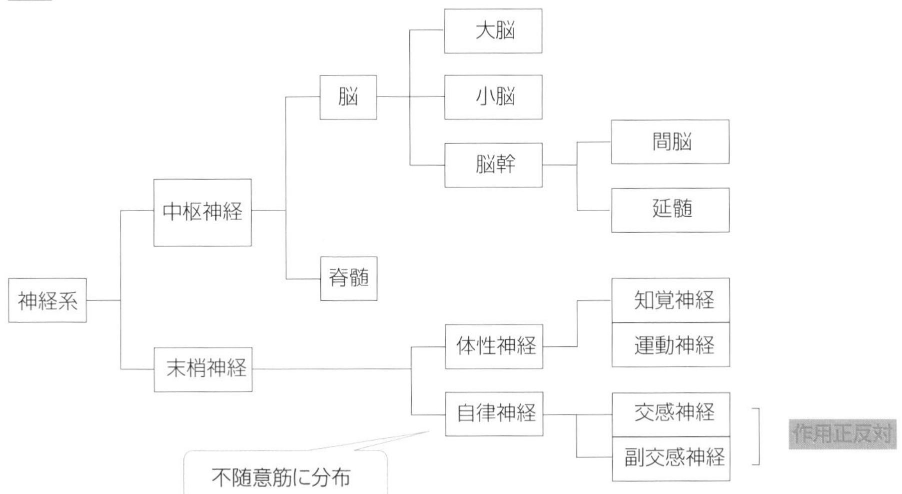

・大脳…外側は皮質と呼ばれ，神経細胞が集まっており，黒く見えるため灰白質とよばれる
(感覚，思考等の作用を支配する中枢)
内側は髄質とよばれ，白く見えるために白質とよばれる。
※　脊髄とは逆！

・小脳…平衡感覚と筋肉運動の中枢

・間脳…体温調節の中枢

・延髄…呼吸の中枢，心臓中枢
・脊髄…刺激を伝える伝導機能がある。知覚神経は後根を通じて脳に入り，脳から出る運動神経の情報は前根から出る。
・神経細胞（ニューロン）…細胞体から通常１本の軸索と複数の樹状突起が突き出した形状
・伝導…情報は樹状突起で受け取られ軸索を伝わって運ばれる
・中枢神経系…脳，脊髄
・末梢神経系…体性神経と自律神経がある

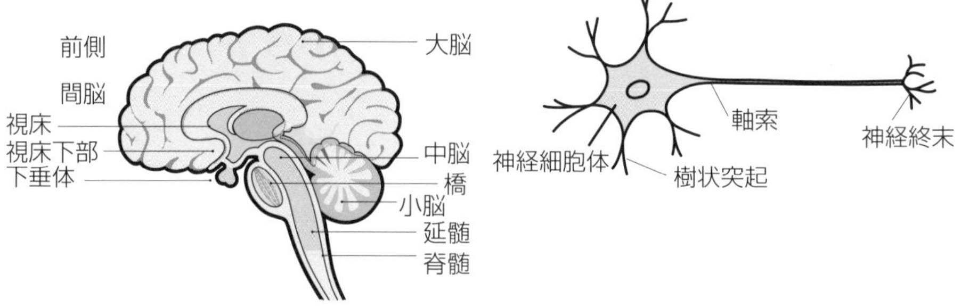

2 交感神経と副交感神経の作用

これ重要！

	交感神経	副交感神経
瞳孔	拡大	縮小
心臓（拍動）	促進	抑制
血圧	上昇	下降
血糖値	上昇	下降

交感神経は戦うイメージ
副交感神経はリラックスのイメージ

本試験によく出る重要問題

問題1　神経系に関する次の記述のうち，誤っているものはどれか。

(1)　神経系を構成する基本的な単位である神経細胞は，通常，１個の細胞体，１本の軸索及び複数の樹状突起から成り，ニューロンともいわれる。

(2)　体性神経は，運動及び感覚に関与し，自律神経は，呼吸，循環などに関与する。

(3)　大脳の皮質は，神経細胞の細胞体が集まっている灰白質で，感覚，思考などの作用を支配する中枢として機能する。

(4)　交感神経系と副交感神経系は，各種臓器において双方の神経が分布し，相反する作用を有している。

(5)　交感神経系は，身体の機能をより活動的に調節する働きがあり，心拍数を増加したり，消化管の運動を高める。

問題2　神経系に関する次の記述のうち，誤っているものはどれか。

(1)　神経系を構成する基本的な単位である神経細胞は，通常，１個の細胞体，１本の軸索，複数の樹状突起から成り，ニューロンともいわれる。

(2)　有髄神経線維は，無髄神経線維より神経伝導速度が速い。

(3)　大脳の内側の髄質は神経細胞の細胞体が集合した灰白質で，感覚，運動，思考などの作用を支配する中枢として機能する。

(4)　末梢（しょう）神経系において神経細胞の細胞体が集合している部分を神経節という。

(5)　交感神経と副交感神経は，同一器官に分布していても，ほぼ相反する作用をする。

問題3　神経系に関する次の記述のうち，誤っているものはどれか。

(1)　神経系を構成する基本的な単位である神経細胞は，通常，１個の細胞体，１本の軸索及び複数の樹状突起から成り，ニューロンともいわれる。

(2)　自律神経系は，内臓，血管などの不随意筋に分布している。

(3)　自律神経である交感神経と副交感神経は，同一器官に分布していても，その作用はほぼ正反対である。

(4)　消化管に対しては，交感神経は運動を促進させるように作用し，副交感神経は運動を抑制させるように作用する。

(5)　心臓に対しては，交感神経は心拍数を増加させるように作用し，副交感神経は心拍数を減少させるように作用する。

問題4　神経系に関する次の記述のうち，誤っているものはどれか。

⑴　神経系を構成する基本的な単位である神経細胞は，通常，1個の細胞体，1本の軸索及び複数の樹状突起から成り，シナプスともいわれる。

⑵　中枢神経系には脳と脊髄が，末梢（しょう）神経系には体性神経と自律神経がある。

⑶　体性神経は，運動及び感覚に関与し，自律神経は，呼吸，循環などに関与する。

⑷　大脳の皮質は，神経細胞の細胞体が集まっている灰白質で，感覚，思考などの作用を支配する中枢として機能する。

⑸　交感神経及び副交感神経は，同一器官に分布していても，その作用はほぼ正反対である。

問題5　神経細胞に関する次の文中の［　　］内に入れるAからCの語句の組合せとして，正しいものは⑴～⑸のうちどれか。

「神経系において情報を伝えたり処理する基本単位である神経細胞は［A］とも呼ばれ，細胞体から通常1本の［B］と複数の［C］が突き出した形をしている。」

	A	B	C
⑴	ES細胞	軸索	樹状突起
⑵	ES細胞	樹状突起	軸索
⑶	ニューロン	軸索	樹状突起
⑷	ニューロン	樹状突起	軸索
⑸	シナプス	軸索	樹状突起

解答・解説

問題1　**解答**　⑸

交感神経系は，身体の機能をより活動的に調節する働きがあり，心拍数を増加したり，消化管の運動を抑制します

問題2　**解答**　⑶

記載内容は大脳の髄質ではなく「皮質」の説明です

問題3　**解答**　⑷

消化管に対しては，交感神経は運動を「抑制」し，副交感神経は運動を「促進」させるように作用します。

問題4　**解答**　⑴

本肢の記述は「シナプス」ではなく「ニューロン」についての記載です。

問題5　**解答**　⑶

7 内分泌系・代謝系

ホルモン名や内分泌器官名，そしてはたらきは必須問題です。

猫でもわかる重要ポイント

1 アドレナリンのはたらき

・副腎髄質から分泌。交感神経と同じようなはたらきをする
・肝臓のグリコーゲンを分解して血糖値を上げる

これ重要！

ホルモン	内分泌器官	はたらき
コルチゾール	副腎皮質	血圧の上昇・血糖量の増加
アルドステロン	副腎皮質	体液中の塩類バランス調整
パラソルモン	副甲状腺	体液中の Ca バランス調整
インスリン	膵臓	血糖量の減少
グルカゴン	膵臓	血糖値の増加
メラトニン	松果体	生体リズムの調節
ガストリン	胃粘膜	胃酸の分泌の促進

2 代謝系

①基礎代謝

基礎代謝とは生命の維持に最低限必要なエネルギー消費量のことです。年齢，性別により異なるが，体表面積にほぼ正比例します。男性 1500 kcal，女性 1200 kcal

・基礎代謝量は覚醒，横臥，安静時（睡眠していないで横になってじっとしている時）の測定値で表される

・座ってじっとしている場合，代謝量は基礎代謝量の1.2倍になる

②エネルギー代謝率（RMR）

・作業に要したエネルギーが基礎代謝量の何倍に当たるかを示す数値で労働強度をあらわす指数

RMR＝（EW－ES）／M
EW：作業時の総消費エネルギー量
ES：安静時消費エネルギー量（M×1.2）
M：基礎代謝量

・エネルギーをほとんど要しない精神労働には利用できない。

本試験によく出る重要問題

問題1　**ホルモン，その内分泌器官及びそのはたらきの組合せとして，誤っているものは次のうちどれか。**

	ホルモン	内分泌器官	はたらき
(1)	コルチゾール	副腎皮質	血糖量の増加
(2)	メラトニン	副腎髄質	体液中の塩類バランスの調節
(3)	パラソルモン	副甲状腺	血中のカルシウム量の調節
(4)	インスリン	膵（すい）臓	血糖量の減少
(5)	グルカゴン	膵（すい）臓	血糖量の増加

解答・解説

問題1　**解答**　(2)
メラトニンは「松果体」から分泌され，夜間に分泌が上昇するホルモンで「睡眠と覚醒のリズムの調節」に関与しています

8 感覚器系

目と耳の構造と名称はおさえておきましょう。視細胞である錐状体は色を感じ，杆状体は明暗を感じます。

猫でもわかる重要ポイント

1 視覚

①近視と遠視

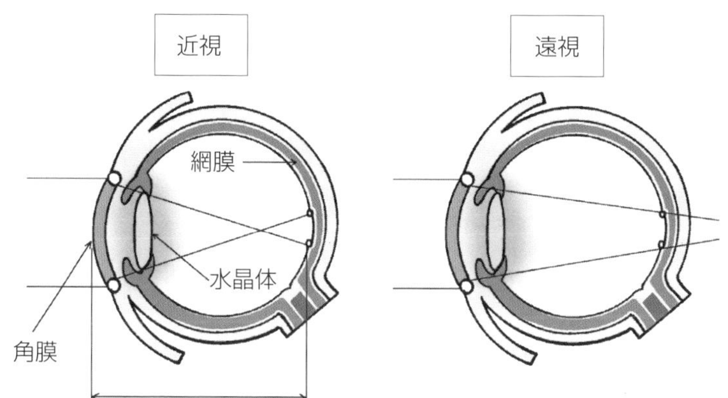

・眼球の長軸…角膜から網膜までの長さのこと
・近視眼　⇒　眼球の長軸が長い（長すぎる）
・遠視眼　⇒　眼球の長軸が短い（短すぎる）
・水晶体の厚みを変えることによってピントを合わせている
　　近くを見るとき　→　水晶体は厚くなる
　　遠くを見るとき　→　水晶体は薄くなる。硝子体ではありません

②乱視眼

角膜に凹凸があり円柱レンズで矯正します。

③色神異常

ある種の色が判別しにくい場合があります。男性は３％，女性は稀です。

④網膜

光は網膜にある錐状体（すいじょうたい）と杆状体（かんじょうたい）で色と明暗を感じています。

- 錐状体…明るいところで色を感じる。
- 杆状体…暗い所で明暗を感じる。

覚え方　錐状体と杆状体

明るい ところに ス イロ（水路）があった
明るい　錐状体　色

暗い ところに カン メイ をうけた
暗い　杆状体　明暗

⑤眼精疲労

照度不足等が原因で眼部に痛みを感じることがある

⑥明順応

数十秒で対応できます

⑦暗順応

30分程かかります。ロドプシンという物質が増えて活性化するまでに時間がかかります

⑧瞳孔

明るさで大きさが変化し光量を調節します（暗い場合に広がる）

⑨虹彩

眼をカメラにたとえると「しぼり」の役割です。

本試験によく出る重要問題

問題1　下の図は眼球の水平断面図であるが，図中に［網掛け枠］又は［点線枠］で示すAからEの部位に関する次の記述のうち，誤っているものはどれか。

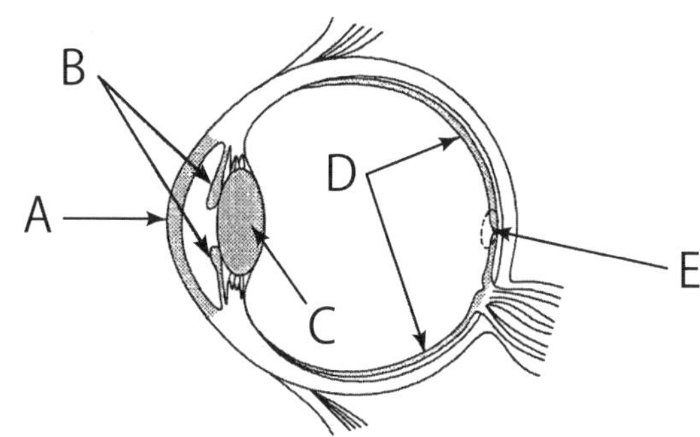

(1)　Aの［　］部分は角膜で，これが歪（ゆが）んでいたり，表面に凹凸があるために，見た物体の像が網膜上に正しく結ばないものを乱視という。

(2)　Bの［　］部分は虹（こう）彩で，光量に応じて瞳孔の径を変える。

(3)　Cの［　］部分は硝子体で，これの厚さを変えることにより焦点距離を調節して網膜上に像を結ぶようにしている。

(4)　Dの［　］部分は網膜で，ここには，明るい所で働き色を感じる錐（すい）状体と，暗い所で働き弱い光を感じる杆（かん）状体の2種類の視細胞がある。

(5)　Eの［　］部分は中心窩（か）で，視力の鋭敏な部位である。

問題2　視覚に関する次の記述のうち，誤っているものはどれか。

(1)　遠距離視力検査は，一般に，5 mの距離で実施する。

(2)　ヒトの眼は，硝子体の厚さを変えることにより焦点距離を調節して網膜の上に像を結ぶようにしている。

(3)　角膜が歪（ゆが）んでいたり，表面に凹凸があるために，眼軸などに異常がなくても，物体の像が網膜上に正しく結ばないものを乱視という。

(4)　網膜には，錐（すい）状体と杆（かん）状体の2種類の視細胞がある。

(5)　明るいところから急に暗いところに入ると，初めは見えにくいが暗順応によって徐々に見えるようになる。

解答・解説

問題1　解答　(3)

Cの部分は【水晶体】です

問題2　解答　(2)

眼は「水晶体」の厚さを変えることにより焦点距離を調整します

2 嗅覚

・わずかな匂いも感じるが，同一の臭気に疲れやすい

・味覚と嗅覚は化学感覚ともよばれ，物質の化学的性質を認知する感覚である

3 皮膚感覚

・皮膚感覚には触覚，痛感覚，冷感覚，温感覚の4つの基本感覚点がある

・痛感覚…皮膚全体に分布し，他の感覚点に比べて密度が大きい

・冷感覚の方が温感覚よりも敏感である

・深部感覚とは…筋肉や腱等身体深部にある受容器から得られる身体各部の位置や運動等の感覚である

4 聴覚

①内耳

側頭骨内にあり，前庭，半規管，蝸牛から成ります

・前庭…身体の傾きや大きさを感じる平衡感覚器

・半規管…身体の回転方向や速度を感じる平衡感覚器

・蝸牛…聴覚をつかさどる感覚器官

②三半規管

身体の回転を感じるところです。

③難聴

90デシベル以上の長時間の騒音によって内耳の蝸牛を害し騒音性難聴になります。

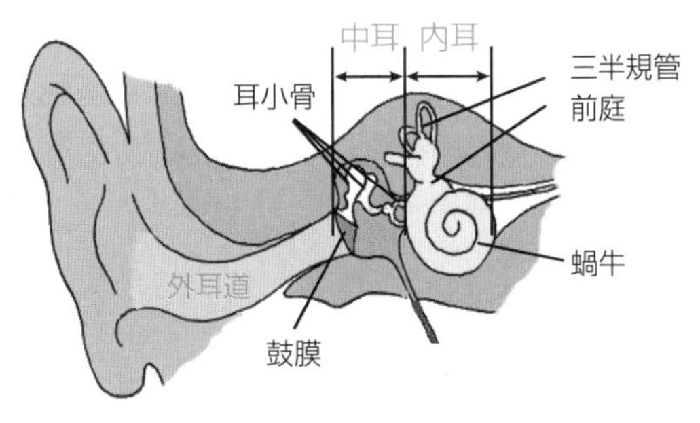

④その他

・内耳におこる聴力低下は 4000 Hz を中心としておこる（C^5dip）
・人間が聞こえる範囲は 20～20000 Hz
・耳小骨は鼓膜に近いほうからツチ骨，キヌタ骨，アブミ骨からなる。
・鼓膜は外耳と中耳の間にある
・音の聞こえる順番

本試験によく出る重要問題

問題 1　感覚又は感覚器に関する次の記述のうち，正しいものはどれか。

(1) 物理化学的な刺激の量と人間が意識する感覚の強度とは，直線的な比例関係にある。
(2) 皮膚感覚には，触圧覚，痛覚，温度感覚（温覚・冷覚）などがあり，これらのうち冷覚を感じる冷覚点の密度は他の感覚点に比べて高い。
(3) 網膜の錐状体は色を感じ，杆状体は明暗を感じる。
(4) 眼軸が短過ぎるために，平行光線が網膜の後方で像を結ぶ状態は近視である。
(5) 平衡感覚に関係する器官である前庭及び半規管は，中耳にあって，体の傾きや回転の方向を知覚する。

問題 2　感覚又は感覚器に関する次の記述のうち，正しいものはどれか。

(1) 内耳は，前庭，半規管及び蝸牛から成り，蝸牛が平衡感覚をつかさどっている。
(2) 皮膚感覚には，触圧覚，痛覚，温度感覚（温覚・冷覚）などがあり，これらのうち冷覚を感じる冷覚点の密度は，他の感覚点に比べて大きい。
(3) 網膜には色を感じる錐状体と，明暗を感じる杆状体の 2 種類の視細胞がある。
(4) 眼軸が長過ぎるために，平行光線が網膜の前方で像を結ぶ状態は，遠視である。
(5) 嗅覚は，わずかな匂いでも感じるほど鋭敏で，同じ臭気に対しても疲労しにくい。

解答・解説

問題1　**解答**　(3)

(1)刺激の量と感覚の強度とは「曲線的」な比例関係にあります。

(2)冷覚点の密度は他の感覚点に比べて低いです。冷覚点1cmあたりの密度約6～23個に対し，痛覚点は約100～250個です。

(3)正しい

(4)眼軸が短過るために起こるのは「遠視」です。

(5)　前庭及び半視管は「内耳」にあります。

問題2　**解答**　(3)

(1)平衡感覚をつかさどっているのは「前庭」と「半規管」です。

(2)皮膚感覚の中では「痛覚点」の密度が最も大きいです。

(3)正しい

(4)長軸が長すぎるために起こるのは「近視」です。

(5)嗅覚は同一の臭気に「疲れやすい」です

9 血液

血液成分と特徴・はたらきはしっかりとおさえておきましょう。赤血球と白血球を入れ替えて出題されることもよくあります。

猫でもわかる重要ポイント

1 血液の成分

血液の成分	特徴・はたらき
赤血球	骨髄中で産生され 1 mm^{3}中に 450～500 万個（ヘモグロビンと酸素がくっつき全身に酸素を運ぶ） 男性の方が多く，寿命は 120 日（白血球の寿命に比べて長い）
白血球	1 mm^{3}中に 4000～8000 個　細菌や異物を取り込んで消化（体内への細菌や異物の侵入を防御） 個数に男女差はなし　寿命は 3 ～ 4 日　好中球→食菌作用 T リンパ球→　細胞性免疫の作用 B リンパ球　→　血液中の抗体を産出する リンパ球はリンパ節，胸腺，脾臓（ひぞう）で形成される。白血球の約 30 %を占め，免疫反応に関与
血漿	血液の容積の 55 %程度を占めほとんど水分（90 % 以上）。タンパク質（アルブミン，グロブリン）を含む アルブミン→血液の浸透圧維持　グロブリン→免疫物質の抗体 フィブリノーゲン（覚え方：源）がフィブリンに変化し血液凝固機能をもつ
血小板	核を持たない細胞 1 mm^{3}中に 25～50 万　血液の凝固を促進させる（止血の機能）　寿命は 4 日 凝集と凝固は異なるので注意！ 凝集は異なる血液の輸血等を行ったときに赤血球の凝集原と凝集素の間でおこる反応

・抗体…体内に入ってきた「抗原」に対し，体液性免疫で作られる免疫グロブリンと呼ばれるタンパク質で抗原の働きを抑える働きがある

・ヘマトクリット値…血液中に占める赤血球の容積の割合を示す数値で，ほぼ赤血球の容積比と等しい男性 45 %，女性 40 %程度　（貧血になると値が低くなる）

2 血圧

・心臓が収縮して血液を送り出すときが最大血圧，心臓が拡張するときが最低血圧
・飲酒時に血圧が低下し，塩分の取りすぎ，喫煙時には上昇する

本試験によく出る重要問題

問題1　血液に関する次の記述のうち，正しいものはどれか。

⑴　血漿（しょう）中の蛋白質のうち，アルブミンは血液の浸透圧の維持に関与している。
⑵　血漿中の水溶性蛋白質であるフィブリンがフィブリノーゲンに変化する現象が，血液の凝集反応である。
⑶　赤血球は，損傷部位から血管外に出ると，血液凝固を促進させる物質を放出する。
⑷　血液中に占める白血球の容積の割合をヘマトクリットといい，感染や炎症があると増加する。
⑸　血小板は，体内に侵入してきた細菌やワイルスを貧食する働きがある。

問題2　血液に関する次の記述のうち，誤っているものはどれか。

⑴　赤血球は，骨髄で産生され，寿命は約 120 日であり，血球の中で最も多い。
⑵　血液中に占める赤血球の容積の割合をヘマトクリットといい，貧血になるとその値は高くなる。
⑶　好中球は，白血球の約 60 %を占め，偽足を出してアメーバ様運動を行い，体内に侵入してきた細菌などを貪食する。
⑷　血小板は，直径 2 ～ 3 μm の不定形細胞で，止血作用をもつ。
⑸　ABO 式血液型は，赤血球の血液型分類の一つで，A 型の血清は抗 B 抗体をもつ。

問題3　**血液に関する次の記述のうち，誤っているものはどれか。**

(1)　血液は，血漿（しょう）と有形成分から成り，血液の容積の55％程度を占める血漿中には，アルブミン，グロブリンなどの蛋（たん）白質が含まれている。

(2)　血液の有形成分には，赤血球，白血球及び血小板があり，赤血球は酸素を組織に供給し，白血球は体内への細菌や異物の侵入を防御し，血小板は止血の機能を有する。

(3)　赤血球の寿命は，約120日で，白血球の寿命に比べて長い。

(4)　白血球の一種であるリンパ球には，細菌や異物を認識し攻撃するBリンパ球と抗体を産生するTリンパ球などがあり，免疫反応に関与している。

(5)　血液の凝固は，血漿中のフィブリノーゲン（線維素原）がフィブリン（線維素）に変化する現象である。

解答・解説

問題1　**解答**　(1)

(1)正しい

(2)「赤血球中の抗原（凝集原）」と「血清の抗体（凝集素）」との間で生じる反応を血液の凝集といいます

(3)赤血球にはヘモグロビンによる酸素運搬作用があります

(4)血液の容積に対する「赤血球」の相対的容積をヘマトクリットといいます

(5)血小板は，血液凝固作用に関与しています

問題2　**解答**　(2)

貧血になるとヘマトクリットの値は「低く」なります

問題3　**解答**　(4)

Bリンパ球とTリンパ球の機能の記載が逆です。

1 ストレス

ストレス時に分泌されるホルモン名は必須です。

猫でもわかる重要ポイント

ストレスについての留意事項

・本来，ストレスは環境に心身ともに順応しようとする働きを持つが，ストレッサー（ストレスの原因）が連続的に加わることにより，心身ともに疲労が蓄積し，順応できなくなることがある
・集中力の低下・無気力・精神的疾患の他，発汗，めまいなど自律神経系にも影響を及ぼす
（精神神経科的疾患又は内科的疾患による健康障害の発生）
・ストレスにより，高血圧症，狭心症，十二指腸潰瘍などの疾患を招くことがある（ストレス反応は個人差大）
・ストレッサーの強弱に関わらず自律神経系と内分泌系を介して心身の活動を抑圧または亢進する
・ただし，適度なストレスは必要不可欠である
・ストレスがあると，副腎皮質ホルモンなどの分泌が増えることがある
・ストレス解消法…精神疲労では安静にするよりも人と会ったり，スポーツをしたりする方が効果的な場合が多い
・ストレスに伴う心身の反応…「ノルアドレナリン」「アドレナリン」「副腎皮質ホルモンが」関与
・職場環境における騒音，気温，湿度，悪臭などがストレスの原因となる場合あり

本試験によく出る重要問題

問題1　ストレスに関する次の記述のうち，誤っているものはどれか。

(1)　個人の能力や感性に適合しないストレッサーは，心理的には不安，焦燥感，抑うつ感などを，身体的には疲労を生じることがある。

(2)　典型的なストレス反応として，副腎皮質ホルモンの分泌の著しい減少がある。

(3)　ストレスにより，発汗，手足の震えなど自律神経系の障害が生じることがある。

(4)　ストレスにより，高血圧症，狭心症，十二指腸潰瘍などの疾患が生じることがある。

(5)　昇進，転勤，配置替えなどがストレスの原因となることがある。

問題2　ストレスに関する次のAからDまでの記述について，誤っているものの組合せは(1)～(5)のうちどれか。

A　外部環境からの刺激（ストレッサー）は，その形態や程度にかかわらず，自律神経系と内分泌系を介して，心身の活動を抑圧する。

B　ストレス反応には，ノルアドレナリン，アドレナリンなどのカテコールアミンや副腎皮質ホルモンが深く関与している。

C　ストレス反応には，個人差がほとんどない。

D　ストレスにより，自律神経系と内分泌系のバランスが崩れ，精神神経科的疾患，内科的疾患などを招く場合がある。

(1)　A，B
(2)　A，C
(3)　B，C
(4)　B，D
(5)　C，D

問題3　ストレスに関する次の記述のうち，誤っているものはどれか。

⑴　外部からの刺激であるストレッサーは，その強弱にかかわらず，自律神経系と内分泌系を介して，心身の活動を抑圧する。

⑵　ストレスに伴う心身の反応には，ノルアドレナリン，アドレナリンなどのカテコールアミンや副腎皮質ホルモンが深く関与している。

⑶　昇進，転勤，配置替えなどがストレスの原因となることがある。

⑷　職場環境における騒音，気温，湿度，悪臭などがストレスの原因となることがある。

⑸　ストレスにより，自律神経系と内分泌系のバランスが崩れ，精神神経科的疾患又は内科的疾患が生じる場合がある。

解答・解説

問題1　**解答**　⑵

典型的なストレス反応として，副腎皮質ホルモンの分泌の【亢進（増加）】があります

問題2　**解答**　⑵

A…ストレッサーは，心身の活動の「抑圧」だけでなく「亢進」にも作用します

B…正しい

C…ストレス反応は個人差が大きい

D…正しい

問題3　**解答**　⑴

ストレッサーは，心身の活動の「抑圧」だけでなく「亢進」にも作用します。

2 その他（体温）

体温調整の中枢は間脳の視床下部です。生体恒常性と同調性は別物です。
不感蒸泄の意味も頻出です。

猫でもわかる重要ポイント

ホメオスタシス（生体恒常性）

体温調節のように外部環境が変化しても体内の状態を一定に保つ仕組み。

1 体温調節のしくみ

- 中枢 ⇒ 間脳の視床下部にあり産熱と放熱とのバランスを維持し，体温を一定に保つよう機能
- 低温環境 ⇒ 血管収縮 ⇒ 血流量減少 ⇒ 産熱増加，放熱減少（代謝活動の亢進）
- 高温環境 ⇒ 血管拡張 ⇒ 血流量増加 ⇒ 産熱減少，放熱増加（代謝活動の抑制）
- 産熱…主に栄養分の分解による化学反応によって発生する。
- 放熱…放射（ふく射），伝導，皮膚から汗の蒸発などによる物理的な過程で行われる

  例）体重 70 kg の人が 100 g の汗を蒸発させれば，体温は計算上 1 ℃の低下となる
- 不感蒸泄…発汗していなくても 1 日 850 ml の水分が蒸発（不感蒸泄に伴う，放熱は全放熱量の 25 %程度）
- 温熱性発汗…体温を放散する役割があり，手のひら，足裏を除いて全身で発汗する

本試験によく出る重要問題

問題1　体温調節に関する次の記述のうち，正しいものはどれか。

⑴　体温調節中枢は，小脳にあり，産熱と放熱とのバランスを維持し体温を一定に保つよう機能している。

⑵　体温調節のように，外部環境が変化しても身体内部の状態を一定に保つ生体の仕組みを同調性といい，筋肉と神経系により調整されている。

⑶　寒冷にさらされ体温が正常より低くなると，皮膚の血管が拡張して血流量を増し，皮膚温を上昇させる。

⑷　計算上，体重70 kgの人の体表面から10 gの汗が蒸発すると，体温が約1℃下がる。

⑸　発汗のほかに皮膚及び呼気から水分が失われる現象を不感蒸泄(せつ)という。

問題2　体温調節に関する次の記述のうち，誤っているものはどれか。

⑴　寒冷にさらされ体温が正常以下になると，皮膚の血管が収縮して血流量が減って，放熱が減少する。

⑵　高温にさらされ体温が正常以上に上昇すると，内臓の血流量が増加し体内の代謝活動が亢(こう)進することにより，人体からの放熱が促進される。

⑶　体温調節にみられるように，外部環境などが変化しても身体内部の状態を一定に保とうとする性質を恒常性（ホメオスタシス）という。

⑷　計算上，100 gの水分が体重70 kgの人の体表面から蒸発すると，気化熱が奪われ，体温を約1℃下げることができる。

⑸　放熱は，ふく射（放射），伝導，蒸発などの物理的な過程で行われ，蒸発には，発汗と不感蒸泄(せつ)によるものがある。

問題3　体温調節に関する次の記述のうち，正しいものはどれか。

⑴　体温調節中枢は，間脳の視床下部にある。

⑵　体温調節のように，外部環境が変化しても身体内部の状態を一定に保つ生体の仕組みを同調性といい，筋肉と神経系により調整されている。

⑶　寒冷にさらされ体温が正常より低くなると，皮膚の血管が拡張して血流量を増し，皮膚温を上昇させる。

⑷　不感蒸泄(せつ)とは，水分が発汗により失われることをいう。

⑸　温熱性発汗は，全身でみられるが，特に足の裏で多い

解答・解説

問題1　**解答**　(5)

(1)体温調整は間脳の視床下部にあります。

(2)体温調整のように，外部環境が変化しても身体内部の状態を一定に保つ仕組みを生体恒常性（ホメオスタシス）といいます

(3)寒冷にさらされ体温が正常より低くなると，皮膚の血管が収縮して血流量を減少させ，体温の低下を防ぎます

(4)体重 70 kg の人の体表面から 100g の汗が蒸発すると，体温が約 1 ℃下がります。

(5)正しい

問題2　**解答**　(2)

体温が正常以上に上昇した時は，代謝を「抑制」して発熱を抑えます

問題3　**解答**　(1)

(1)正しい

(2)外部環境が変化しても身体内部の状態を一定に保つ生体の仕組みを「生体恒常性（ホメオスタシス）」といいます。

(3)外気が寒い場合，血管は「収縮して血液量を減らし」血液を冷やされないようにして体温を温存します。

(4)不感蒸泄とは，発汗はせず，意識されずに皮膚や呼吸器からの水分が蒸発する状態をいいます。

(5)特に手足からの発汗が多いのは精神性発汗です。

1 疲労

精神的疲労については，適度に身体を動かした方が，単に休息するより疲労の回復に役立つ場合が多い。

猫でもわかる重要ポイント

1 Mets（メッツ）

メッツとは身体活動の強さを安静時（×軽作業時）の何倍に相当するかで表す単位です。

例）1メッツ：座って安静にしている状態　　3メッツ：普通歩行
　　4メッツ：サイクリング　　6メッツ：軽いジョギング

2 疲労の検査・測定法

・フリッカーテスト…光を高速で点滅させ，連続光として見えるか，断続光として見えるかの限界を測定する。疲労するとフリッカー値が低くなる。

・2点弁別閾（いき）検査…2点の距離の離れた場所に与えられた触覚刺激が1点に感じられる程度の距離を測定

・その他…心拍変動（HRV）解析（→自律神経を調べる），単位時間当たりの作業量測定（→作業能率を調べる）
「労働者の疲労蓄積度自己診断チェックリスト（厚生労働省）」（→自覚的症状を調べる）

本試験によく出る重要問題

問題1　**疲労などに関する次の記述のうち，誤っているものはどれか。**

(1)　産業疲労は，疲労徴候の現れ方により，急性疲労，慢性疲労，日周性疲労などに分類することができる。

(2)　産業疲労は，生体に対する労働負荷が大きすぎることによって引き起こされるが，その回復や蓄積は日常生活ともかかわっている。

(3)　作業の各局面で生じる疲労を後へ持ち越さないようにすることは，産業疲労の対策として大切なことである。

(4)　近年の職場では，全身疲労のみならず，体の一部の筋肉を使うVDT作業などによる局所疲労が問題となっている。

(5)　身体活動強度（メッツ）は，身体活動の強さが軽作業時の何倍に相当するかを表す単位である。

解答・解説

問題1　解答　(5)

軽作業時ではなく，安静時です。

2 睡眠・職業適性

睡眠中は体温が低下し副交感神経が優位にはたらきます。

猫でもわかる重要ポイント

1 睡眠についての留意事項

・休息・休養・睡眠が疲労回復の３大因子であるが，睡眠の効果が最も大きいと言われている
・１日６～７時間は確保することが理想とされている。浅い眠りのレム睡眠と深い眠りのノンレム睡眠が周期的にあらわれる。睡眠中は副交感神経が優位にはたらいている
・睡眠時には体温の低下，呼吸数・心拍数の減少がみられる
・夜間の労働後，昼間の睡眠は，睡眠時間が短縮し，睡眠の質が低下する
・睡眠が不足　⇒感覚機能や集中力，作業能率低下　⇒周囲の刺激に対する反応も鈍り　⇒災害発生しやすい
・就寝直前の過食　⇒肥満のほか不眠を招く
・寝つけない場合，体を横たえて安静を保つのみでも，疲労はある程度回復する
・概日リズム（サーカディアンリズム）睡眠障害
　…体内時計の周期を外界の24時間周期に適切に同調させることができないために生じる睡眠の障害
・メラトニンは夜間に分泌が上昇するホルモンで，睡眠と覚醒のリズムの調節に関与している
・体内時計の周期は，一般に約25時間であり，外界の24時間周期に同調して約１時間のずれが修正される

2 職業適性

職業適性検査により個人特性と職務特性をふまえ，適切な配置を行うことがのぞましく，場合によっては性格検査や心理テスト等も行われることもある。

本試験によく出る重要問題

問題 1　睡眠などに関する次の記述のうち，誤っているものはどれか。

(1)　夜間に働いた後の昼間に睡眠する場合は，一般に，就寝から入眠までの時間が長くなり，睡眠時間が短縮し，睡眠の質も低下する。
(2)　睡眠と食事は深く関係しているため，就寝直前の過食は，肥満のほか不眠を招くことになる。
(3)　松果体から分泌されるメラトニンは，夜間に分泌が上昇するホルモンで，睡眠と覚醒のリズムの調節に関与している。
(4)　体内時計の周期は，一般に，約 25 時間であり，外界の 24 時間周期に同調して，約 1 時間のずれが修正される。
(5)　基礎代謝量は，生命活動を維持するために必要な最小限のエネルギー量で，睡眠中の測定値で表される。

問題 2　睡眠に関する次の記述のうち，誤っているものはどれか。

(1)　睡眠中には，副交感神経系の働きが活発になる。
(2)　睡眠中のエネルギー消費量が，基礎代謝量である。
(3)　睡眠中には，体温の低下，心拍数の減少がみられる。
(4)　睡眠と覚醒のリズムのように，約 1 日の周期で繰り返される生物学的リズムをサーカディアンリズムといい，このリズムの乱れは，疲労や睡眠障害の原因となる。
(5)　夜間に働いた後の昼間に睡眠する場合は，一般に，就寝から入眠までの時間が長くなり，睡眠時間が短縮し，睡眠の質も低下する。

解答・解説

問題 1　解答　(5)
基礎代謝量は睡眠中ではなく「絶対安静時」のエネルギー消費量です。

問題 2　解答　(2)
基礎代謝量は「生命の維持に最小限必要」なエネルギー消費量をいいます。

第 4 編

関係法令
（有害業務にかかるもの）

この分野から 1 種独自の分野になります。

より専門的な物質名や細かい規則が多々出てきます。普通に暗記をしていたら覚えるのが大変です。今回，語呂合わせをたくさん用意していますので，確実に暗記していきましょう。

1　総括安全衛生管理者

工場長など，現場での最高責任者だとおもってください。資格要件などは特にありません。

猫でもわかる重要ポイント

1　選任要件

・屋外産業的業種の場合…常時 100 人以上で 1 名選任しなければならない
（建設，鉱業，運送，清掃業，林業など）

覚え方　主な屋外産業的業種

健(建設) **康**(鉱業)**な運**(運送) **勢**(清掃)**の林**(林業)**さん**

・屋内産業的業種の場合…常時 300 人以上で 1 名選任しなければならない
（電気，ガス，水道，卸小売業（百貨店），通信，自動車整備業，旅館，製造，ゴルフ場業，熱供給）

覚え方　主な屋内産業的業種

インフラ＋卸（おろし）・通（つう）・自（じ）・旅（りょう）・製（せい）

・その他の業種 …常時 1000 人以上で 1 名選任しなければならない
（金融業など）

2 衛生管理者

衛生管理者の選任基準は必須問題です。試験が始まったら選任基準の表を問題用紙にさっと記入して準備しましょう。

猫でもわかる重要ポイント

1 選任基準

業種を問わず全ての業種において常時50人以上の労働者を使用する事業場で選任します。

これ重要！

事業場ごとの衛生管理者の選任基準

常時使用労働者数（事業場の規模）	衛生管理者数
50人以上　～　200人以下	1人以上
201人以上　～　500人以下	2人以上
501人以上　～1,000人以下	3人以上
1,001人以上　～2,000人以下	4人以上
2,001人以上　～3,000人以下	5人以上
3,001人以上	6人以上

覚え方　事業場に必要な衛生管理者数

2 × 5 ＝10　2 × 3 ＝ 6

201　501　1,001　2,001　3,001　6人以上

第4編　関係法令（有害業務にかかるもの）

2 専属

衛生管理者はその事業場に専属の者でなければなりません。ただし２人以上選任する場合において労働衛生コンサルタントがいるときは，当該労働衛生コンサルタントの内１人だけは専属の者でなくても構いません。

原則：専属　⇒　事業場の従業員

例外：２人以上選任する場合，外部のコンサルタントを１名だけ選任できる。

例）1500人の従業員の場合

これはOK

これはだめ

3 専任

次の場合は最低１人は専任（その仕事しかしない人）の者としなければなりません。

①常時1000人を超える事業場であるとき

②常時500人をこえ，有害業務に常時30人以上従事させるとき

覚え方　衛生管理者の専任要件

1000人超えたら専任

有害業務とは

（A）寒冷，振動，重激，騒音

（B）坑内，暑熱，放射線，粉じん・ガス，異常気圧，土石・獣毛等のじんあい

（B）の場合衛生管理者１人を専任かつ衛生工学衛生管理者１人を選任しなければならない

覚え方　衛生管理者の専任と衛生工学衛生管理者が要らない条件

寒くて振える激しい音

寒冷　振動　重激　騒音

3 産業医

産業医の専属要件は必須です。特に有害業務での専属要件は確実に理解しておきましょう。

猫でもわかる重要ポイント

1 選任要件

・常時 50 人以上である事業場では産業医を 1 人選任しなければならない
・常時 3000 人を超える事業場では 2 人以上の産業医を選任する必要あり

2 専属

・常時 1000 人以上の事業場で専属の必要あり
・深夜業を含む有害業務では 500 人以上で専属の必要あり
・産業医専属の有害業務＝衛生管理者の有害業務＋深夜業務＋病原体を扱う業務

4 これまでのまとめ

ここではこれまでに学んだ統括安全衛生管理者・衛生管理者・産業医・衛生推進者の選任・設置基準をまとめてふり返っておきましょう。

猫でもわかる重要ポイント

これ重要！

選任・設置基準のまとめ

	屋外産業的業種	屋内産業的業種	その他の業種
総括安全衛生管理者	100 人以上	300 人以上	1000 人以上
衛生管理者	50 人以上		
産業医	50 人以上		
衛生推進者	選任不要		10 人～49 人
安全衛生推進者	10 人～49 人		選任不要

本試験によく出る重要問題

問題1　ある製造業の事業場の労働者数及び有害業務等従事状況並びに産業医及び衛生管理者の選任の状況は，次の①～③のとおりである。この事業場の産業医及び衛生管理者の選任についての法令違反の状況に関する(1)～(5)の記述のうち，正しいものはどれか。

ただし，産業医及び衛生管理者の選任の特例はないものとする。

①　労働者数及び有害業務等従事状況

常時使用する労働者数は600人であり，このうち，深夜業を含む業務に40人が，多量の低温物体を取り扱う業務に40人が常時従事しているが，他に有害業務に従事している者はいない。

②　産業医の選任の状況

選任している産業医数は1人である。この産業医は，この事業場に専属の者ではないが，産業医としての法令の要件を満たしている医師である。

③　衛生管理者の選任の状況

選任している衛生管理者数は3人である。

このうち1人は，この事業場に専属でない労働衛生コンサルタントで，衛生工学衛生管理者免許を有していない。

他の2人は，この事業場に専属で，共に衛生管理者としての業務以外の業務を兼任しており，また，第一種衛生管理者免許を有しているが，衛生工学衛生管理者免許を有していない。

(1)　選任している産業医がこの事業場に専属でないことが違反である。

(2)　選任している衛生管理者数が少ないことが違反である。

(3)　衛生管理者として選任している労働衛生コンサルタントがこの事業場に専属でないことが違反である。

(4)　衛生工学衛生管理者免許を有する者のうちから選任した衛生管理者が1人もいないことが違反である。

(5)　専任の衛生管理者が1人もいないことが違反である。

問題 2　**常時 1,800 人の労働者を使用する製造業の事業場の有害業務及び衛生管理者の選任の状況は，次の①及び②のとおりである。**

この事業場の衛生管理者の選任についての法令違反の状況に関する A から D の記述について，正しいものの組合せは⑴～⑸のうちのどれか。

①　有害業務の状況

製造工程において多量の高温物体を取り扱う業務に常時 20 人の労働者が従事しているが，他に有害業務はない。

②　衛生管理者の選任の状況

選任している衛生管理者は 3 人である。

このうち 1 人は，この事業場に専属でない労働衛生コンサルタントで，衛生工学衛生管理者免許を有していない。

他の 2 人は，この事業場に専属で，衛生管理者としての業務以外の業務を兼任しており，また，第一種衛生管理者免許を有しているが，衛生工学衛生管理者免許を有していない。

A　選任している衛生管理者数が少ないことが違反である。

B　衛生管理者として選任している労働衛生コンサルタントがこの事業場に専属でないことが違反である。

C　専任の衛生管理者が 1 人もいないことが違反である。

D　衛生工学衛生管理者免許を有する者のうちから選任した衛生管理者が 1 人もいないことが違反である。

⑴　A，C
⑵　A，D
⑶　B，C
⑷　B，D
⑸　C，D

問題 3　**常時 800 人の労働者を使用する製造業の事業場における衛生管理体制に関する⑴～⑸の記述のうち，法令上，誤っているものはどれか。ただし，800 人中には，製造工程において次の業務に常時従事する者がそれぞれに示す人数含まれており，試験研究の業務はないものとする。**

深夜業を含む業務　550 人
多量の高熱物体を取り扱う業務　100 人
特定化学物質のうち第三類物質を製造する業務　60 人

(1)　総括安全衛生管理者を選任しなければならない。

(2)　衛生管理者のうち 1 人を，衛生工学衛生管理者免許を受けた者のうちから選任しなければならない。

(3)　衛生管理者のうち少なくとも 1 人を，専任の衛生管理者として選任しなければならない。

(4)　産業医は，この事業場に専属の者ではないが，産業医としての法定の要件を満たしている医師のうちから選任することができる。

(5)　特定化学物質作業主任者を選任しなければならない。

問題 4　常時 800 人の労働者を使用する製造業の事業場の有害業務及び衛生管理者の選任の状況は，次の①及び②のとおりである。この事業場の衛生管理者の選任についての法令違反の状況に関する(1)～(5)の記述のうち，正しいものはどれか。

①　有害業務の状況
製造工程において著しく暑熱な場所における業務に常時 20 人従事しているが，他に有害業務はない。

②　衛生管理者の選任の状況
選任している衛生管理者数は 2 人である。このうち 1 人は，この事業場に専属でない労働衛生コンサルタントで，衛生工学衛生管理者免許を有していない。
他の 1 人は，この事業場に専属で，衛生管理者としての業務以外の業務を兼任しており，また，第一種衛生管理者免許を有しているが，衛生工学衛生管理者免許を有していない。

(1)　衛生管理者の選任について違反はない。

(2)　選任している衛生管理者数が少ないことが違反である。

(3)　衛生管理者として選任している労働衛生コンサルタントがこの事業場に専属でないことが違反である。

(4)　衛生工学衛生管理者免許を有する者のうちから選任した衛生管理者が 1 人もいないことが違反である。

(5)　専任の衛生管理者が 1 人もいないことが違反である。

解答・解説

問題１　**解答**　(5)

(1)違反していない　…　深夜を含む一定の有害業務に【常時 500 人以上】を従事させる場合は産業医の専属が必要であるが，本問題では【常時 40 人】が常時従事なので産業医の専属は不要

(2)違反していない　…　常時使用労働者数が 501 人以上 1000 人以下の場合は 3 人以上の衛生管理者を選任すれば良い

(3)違反していない　…　衛生管理者を 2 名以上選任した中に労働衛生コンサルタントがいる場合，労働衛生コンサルタントの内 1 名だけは専属でなくても良い。

(4)違反していない　…　「深夜業を含む業務」「多量の低温物体を取り扱う業務」は衛生工学衛生管理者免許不要の有害業務であるため，衛生工学衛生管理者は不要

(5)正しい　…　常時使用労働者が 500 名を超える事業所で「有害業務」に常時 30 人以上の労働者を従事させるときは衛生管理者の内，少なくとも 1 名は「専任」にしなくてはならないので違反である

問題２　**解答**　(1)

A．常時 1,800 人の労働者を使用する事業場では 4 人の衛生管理者を選任する必要があるため違反である。

B．二人以上の衛生管理者を選任する場合に労働衛生コンサルタントがいる時，労働衛生コンサルタントのうち 1 名は専属でなくてもよいため違反ではない。

C．常時労働者が 1,000 人を超える事業場は衛生管理者のうち少なくとも 1 人は専任が必要であるので違反である。

D．多量の高温物体を取り扱う業務（有害業務）に常時 30 人以上の労働者を従事する場合に衛生工学管理免許を有する者のうちから選任した衛生管理者が必要となるため，20 人では違反ではない。

よって正しいのは A.C

問題３　**解答**　(4)

誤り　深夜業を含む「有害業務」に常時 500 人以上の労働者を従事させるときは産業医を「専属」にしなくてはならない。

問題４　**解答**　(2)

(1)誤り　常時使用労働者数が 501 人以上 1000 人以下の場合は 3 人以上の衛生管理者を選任しなければならない。

(2)正しい

(3)誤り　衛生管理者を 2 名以上選任した中に労働衛生コンサルタントがいる場合，労働衛生コンサルタントの内 1 名だけは専属でなくても良い。

(4)誤り　常時使用労働者が 500 名を超える事業場で一定の「有害業務」に常時 30 人以上の労働者を従事させるときは衛生管理者の内，1 名は「衛生工学衛生管理者免許」を有する者から選任しなければならない。

(5)誤り　常時使用労働者が 500 名を超える事業場で「有害業務」に常時 30 人以上の労働者を従事させるときは衛生管理者の内，少なくとも 1 名は「専任」にしなくてはならない。

1　作業主任者

語呂合わせを使って作業主任者が必要な業務を覚えましょう。技能講習の修了で資格取得が可能なものも覚えましょう！

猫でもわかる重要ポイント

事業者は一定の危険・有害な作業については，作業主任者を選任し当該作業に従事する労働者に対する指揮を行わせます

■作業主任者が必要・不要な業務の一覧表

作業主任者が必要な業務	作業主任者が不要な業務
●高圧室内作業	試験研究のための特定化学物質取扱い
●エックス線作業（医療用を除く）	レーザー光線の業務
●ガンマ線透過写真作業	騒音，超音波作業
特定化学物質業務（試験研究のため取り扱う作業を除く）	はんだづけ作業
有機溶剤（１種～３種）を製造し，又は取り扱う業務）	試験研究のための有機溶剤取扱い
鉛業務（試験研究のため取り扱う作業を除く）	●潜水作業
四アルキル鉛業務	セメントを袋詰めする粉じん作業
酸素欠乏等危険作業（飼料の貯蔵のために使用しているサイロの内部，酒類を入れたことのある醸造槽の内部における作業，ドライアイスを使用している冷蔵庫の内部における作業など）	アーク溶接作業
石綿作業（常時取り扱い，又は試験研究のための製造）	水深 10 m 以上の場所における潜水の作業

●「免許」が必要！　　「技能講習」の修了で資格取得可能！

覚え方 技能講習で取得できる資格　免許が必要な業務

特有ななまり(鉛)がある石綿ヨン(四)さん(酸)，潜水高圧エックス線，ガマン(ガンマ)要る!

技能講習でOK　　免許要る

本試験によく出る重要問題

問題1　**労働安全衛生法に基づく技能講習を修了することによって取得できる資格に該当しないものは，次のうちどれか。**

(1) 特定化学物質作業主任者
(2) 有機溶剤作業主任者
(3) 石綿作業主任者
(4) 酸素欠乏危険作業主任者
(5) 高圧室内作業主任者

問題2　**次の作業を行うとき，法令上，作業主任者の選任が義務付けられているものはどれか。**

(1) 水深10 m以上の場所における潜水の作業
(2) セメント製造工程においてセメントを袋詰めする作業
(3) 強烈な騒音を発生する場所における作業
(4) 酒類を入れたことのある醸造槽の内部における作業
(5) 試験研究業務としてベンゼンを取り扱う作業

問題3　**労働安全衛生法に基づく技能講習を修了することによって取得できる資格は，次のうちどれか。**

(1) 潜水士
(2) 高圧室内作業主任者
(3) エックス線作業主任者
(4) 石綿作業主任者
(5) ガンマ線透過写真撮影作業主任者

問題4　次のAからDまでの作業について，法令上，作業主任者の選任が義務付けられているものの組合せは⑴～⑸のうちどれか。

A　飼料の貯蔵のために使用しているサイロの内部における作業

B　製造工程において硫酸を用いて行う洗浄の作業

C　セメント製造工程においてセメントを袋詰めする作業

D　水深10 m以上の場所における潜水の作業

⑴　A，B

⑵　A，C

⑶　A，D

⑷　B，C

⑸　C，D

解答・解説

問題1　**解答**　⑸

問題2　**解答**　⑷

問題3　**解答**　⑷

問題4　**解答**　⑴

A…酸素欠乏等危険作業

B…特定化学物質業務

2 労働衛生保護具

ほぼ毎回出題されています。チェーンソーについては，排気量が 40cm^3 以上という規定までおさえておきましょう！

猫でもわかる重要ポイント

1 譲渡制限の機械等

厚生労働大臣が定める規格に合致し，安全装置を具備しなければ，譲渡し，貸与し，又は設置してはなりません

譲渡，貸与，設置などを制限される品目
波高値による定格管電圧 10キロボルト以上のエックス線装置
再圧室
潜水器
ガンマ線照射装置（医療用具で厚生労働大臣の定めるものを除く）
チェーンソー（内燃機関を内蔵するもので，排気量 40 cm^{3}以上のもの）
電動ファン付き呼吸用保護具
防じんマスク（ろ過材，面体を有するものに限る）
防毒マスク（ハロゲンガス用，有機ガス用，一酸化炭素用，アンモニア用，亜硫酸ガス用）

覚え方 譲渡等が制限される品目

Xジャパンの最先端のガチファン
エックス線 再圧潜水 ガンマ 電動ファン
はひげぼうぼう
防じんマスク 防毒マスク

本試験によく出る重要問題

問題1 **厚生労働大臣が定める規格を具備しなければ，譲渡し，貸与し，又は設置してはならない機械等に該当するものは次のうちどれか。**

(1) 送気マスク
(2) 防音保護具
(3) 放射線測定器
(4) 電動ファン付き呼吸用保護具
(5) 検知管方式による一酸化炭素検定器

問題2 **厚生労働大臣が定める規格を具備しなければ，譲渡し，貸与し，又は設置してはならない機械等に該当するものは，次のうちどれか。**

(1) 防音保護具
(2) 防振手袋
(3) 遮光保護具
(4) 硫化水素用防毒マスク
(5) 電動ファン付き呼吸用保護具

問題 3　**厚生労働大臣が定める規格を具備しなければ，譲渡し，貸与し，又は設置してはならない機械等に該当するものは，次のうちどれか。**

(1)　送気マスク
(2)　ハロゲンガス用防毒マスク
(3)　防音保護具
(4)　化学防護服
(5)　空気呼吸器

解答・解説

問題 1　**解答**　(4)
「電動ファン付き呼吸用保護具」は平成 26 年 12 月の法改正で譲渡制限対象となりました

問題 2　**解答**　(5)
(4)「硫化水素用」は譲渡制限対象外です。

問題 3　**解答**　(2)

3 定期自主検査

定期自主検査の実施義務がある設備や実施義務がない設備を選ぶ問題や定期自主検査の実施頻度を問う問題が出題されています。

猫でもわかる重要ポイント

自主検査をする設備一例	検査頻度	記録
ガンマ線照射装置	1月に1回	3年間保存
局所排気装置（塩酸，エタノール，木工の屋内作業除く） プッシュプル型換気装置（アンモニア除く） 除じん装置 排ガス処理装置（一酸化炭素除く） 排液処理装置（アンモニア除く）	1年に1回	
特定化学設備	2年に1回	
全体換気装置	自主検査不要	

覚え方 自主検査が必要な設備と検査頻度

1月は我慢，1年基本で2年で特化

（我慢：ガンマ線　特化：特定化学設備）

関連補足

①報告義務はない

②特定化学物質作業主任者は換気装置，排気装置を1月に1回点検しなければならない

鉛作業主任者のみ，換気装置の点検は毎週1回

③1年を超える期間，使用しないときは自主検査を行う必要はない

本試験によく出る重要問題

問題１　次の設備又は装置のうち，法令に基づく定期自主検査の実施頻度が１年以内ごとに１回とされていないものはどれか。

⑴　鉛化合物を製造する工程において鉛等の溶融を行う屋内の作業場所に設置した局所排気装置
⑵　トルエンを用いて洗浄を行う屋内の作業場所に設置したプッシュプル型換気装置
⑶　塩化水素を取り扱う特定化学設備
⑷　弗(ふっ)化水素を含有する気体を排出する製造設備の排気筒に設置した排ガス処理装置
⑸　セメントを袋詰めする屋内の作業箇所に設置した局所排気装置に設けた除じん装置

問題２　次の装置のうち，法令に基づく定期自主検査を行わなければならないものはどれか。

⑴　木材加工用丸のこ盤を使用する作業場所に設けた局所排気装置
⑵　アーク溶接を行う屋内作業場に設けた全体換気装置
⑶　エタノールを使用する作業場所に設けた局所排気装置
⑷　アンモニアを使用する作業場所に設けたプッシュプル型換気装置
⑸　塩酸を含有する排液用に設けた排液処理装置

問題３　次の装置のうち，法令上，定期自主検査の実施義務が規定されているものはどれか。

⑴　木工用丸のこ盤を使用する屋内の作業場所に設けた局所排気装置
⑵　塩酸を使用する屋内の作業場所に設けた局所排気装置
⑶　アーク溶接を行う屋内の作業場所に設けた全体換気装置
⑷　酢酸エチルを重量の５％を超えて含有する接着剤を製造する工程において，当該接着剤を容器に注入する屋内の作業場所に設けた局所排気装置
⑸　アンモニアを使用する屋内の作業場所に設けたプッシュプル型換気装置

解答・解説

問題 1　**解答**　(3)

「特定化学設備及びその付属設備」の定期自主検査の実施頻度は【2 年以内】ごとに 1 回です

問題 2　**解答**　(5)

問題 3　**解答**　(4)

酢酸エチルは第 2 種有機溶剤に該当するため，局所排気装置の定期自主検査実施義務の対象設備に該当します。それ以外は対象外です。

4 有害物に関する規制

製造禁止物質であっても試験研究のため製造，輸入又は使用する場合は認められています。

猫でもわかる重要ポイント

1 製造禁止物質（発がん物質）

下記表の製造禁止物質は製造，譲渡，輸入，使用が禁止されています。ただし，試験研究のために製造，輸入，使用する場合であれば，あらかじめ都道府県労働局長の許可を受けた時はこの限りではありません。

2 製造許可物質 （ガンになるおそれのある物質）

下記の表の製造許可物質を製造しようとする者は，厚生労働大臣の許可を受けなければなりません。

これ重要！

製造禁止物質	製造許可物質
ベーターナフチルアミン及びその塩	ジクロルベンジジンおよびその塩
黄りんマッチ	アルファーナフチルアミンおよびその塩
ベンジジンおよびその塩	塩素化ビフェニル（PCB）
石綿（石綿分析用試料等を除く）	ベリリウムおよびその化合物
四-アミノジフェニルおよびその塩	オルト-トリジンおよびその塩
四-ニトロジフェニルおよびその塩	ジアニシジンおよびその塩
ビス（クロロメチル）エーテル	ベンゾトリクロリド 石綿分析用試料等
ベンゼンを含有するゴムのり	

覚え方　製造禁止物質の覚え方

ベーターさん黄色い便 を 酔っぱらって
ベーター　黄りん　ベンジジン　四-アミノ　四-ニトロ

石綿で拭くのは禁止です！
石綿

本試験によく出る重要問題

問題1　次の特定化学物質を製造しようとするとき，労働安全衛生法に基づき，厚生労働大臣の許可を受けなければならないものはどれか。

(1)　エチレンオキシド
(2)　ベリリウム化合物
(3)　オルト-フタロジニトリル
(4)　ベータ-プロピオラクトン
(5)　砒（ひ）素化合物

問題2　次の化学物質のうち，これを製造しようとする者が，あらかじめ，厚生労働大臣の許可を受けなければならないものはどれか。

(1)　クロロメチルメチルエーテル
(2)　ベータ-プロピオラクトン
(3)　エチレンイミン
(4)　パラ-ニトロクロルベンゼン
(5)　ジアニシジン

問題3　次の特定化学物質を製造しようとするとき，労働安全衛生法に基づく厚生労働大臣の許可を必要としないものはどれか。

(1)　ベンゾトリクロリド
(2)　ベリリウム
(3)　オルト－フタロジニトリル
(4)　ジアニシジン
(5)　アルファ－ナフチルアミン

問題 4　特定化学物質障害予防規則による特別管理物質を製造する事業者が事業を廃止しようとするとき，法令に基づき実施した措置等に関する次のＡからＥまでの記録等について，特別管理物質等関係記録等報告書に添えて，所轄労働基準監督署長に提出することが，法令上，義務付けられているものの組合せは⑴～⑸のうちどれか。

A　特別管理物質を製造する作業場所に設けられた局所排気装置の定期自主検査の記録又はその写し
B　特別管理物質の粉じんを含有する気体を排出する製造設備の排気筒に設けられた除じん装置の定期自主検査の記録又はその写し
C　特別管理物質を製造する作業場において常時作業に従事した労働者の氏名，作業の概要及び当該作業に従事した期間等の記録又はその写し
D　特別管理物質を製造する屋内作業場について行った作業環境測定の記録又はその写し
E　特別管理物質を製造する業務に常時従事する労働者に対し行った特定化学物質健康診断の結果に基づく特定化学物質健康診断個人票又はその写し

⑴　A，B，D
⑵　A，B，E
⑶　A，C，E
⑷　B，C，D
⑸　C，D，E

問題 5　次の化学物質のうち，労働安全衛生法により，製造し，輸入し，譲渡し，提供し，又は使用することが，原則として禁止されているものはどれか。

⑴　オーラミン
⑵　ベンジジン及びその塩
⑶　ジクロルベンジジン及びその塩
⑷　オルト-トリジン及びその塩
⑸　五酸化バナジウム

解答・解説

問題1　**解答**　(2)

問題2　**解答**　(5)

問題3　**解答**　(3)

問題4　**解答**　(5)

A…「局所排気装置」の定期自主検査の記録又は写しは提出不要

B…「除じん装置」の定期自主検査の記録又はその写しは提出不要

問題5　**解答**　(2)

(2)の「ベンジジン及びその塩」は「製造等禁止物質」として製造，輸入，譲渡，提供，使用が禁止されています。ただし，試験研究のためであるときはこの限りではありません。ちなみに「ジクロルベンジジン及びその塩」は，許可を受ければ製造することができる「製造許可物質」です。

5 安全衛生教育

著しい騒音を発する作業場で行う業務は特別の教育を実施すべき業務ではありません。

猫でもわかる重要ポイント

1 特別教育

一般の事業場より危険性の高い事業を行う場合に，事業者は特別教育を行う義務があります。

これ重要！

特別教育が必要な業務
チェーンソーによる立木伐採
ガンマ線照射装置を用いて行う透過写真の撮影の業務
低位の蓄電池を内蔵する自動車の整備の業務（対地電圧が 50 ボルトを超えるもの）
酸素欠乏危険場所における作業にかかわる業務
エックス線照射装置を用いて行う透過写真の撮影の業務
四アルキル鉛等業務
東日本大震災により生じた放射性物質により汚染された土壌などを除染する業務
特定粉じん作業に係る業務
廃棄物の焼却施設のばいじんおよび焼却灰その他の燃え殻を取り扱う業務
空気圧縮機を運転する業務
再圧室を操作する業務
高圧室内作業に係る業務
石綿等使用の建築物解体作業
バルブまたはコック操作業務など

・特別教育の知識・技能が十分である労働者には省略可能！
・３年間保存する。

覚え方　特別な教育が必要な業務

血　が　チクっと　酸素でバツ　四　女性　特にハイ

チェンソー　ガンマ線　蓄電池　酸素欠乏　X 線　四アルキル鉛　除染　特定粉じん　廃棄物

圧　石綿　バルブ

本試験によく出る重要問題

問題1　**次の業務に労働者を就かせるとき，法令に基づく安全又は衛生のための特別の教育を行わなければならないものに該当しないものはどれか。**

(1)　石綿等が使用されている建築物の解体等の作業に係る業務
(2)　潜水作業者への送気の調節を行うためのバルブ又はコックを操作する業務
(3)　特定化学物質のうち第二類物質を取り扱う作業に係る業務
(4)　廃棄物の焼却施設において焼却灰を取り扱う業務
(5)　エックス線装置を用いて行う透過写真の撮影の業務

問題2　**次の業務に労働者を就かせるとき，法令に基づく安全又は衛生のための特別な教育を行わなければならないのはどれか。**

(1)　特定化学物質を用いて行う分析の業務
(2)　赤外線又は紫外線にさらされる業務
(3)　有機溶剤等を入れたことがあるタンクの内部における業務
(4)　石綿等が使用されている建築物の解体に係る業務
(5)　ボンベからの給気を受けて行う潜水業務

問題３　**次の業務に労働者を就かせるとき，法令に基づく安全又は衛生のための特別の教育を行わなければならないものはどれか。**

(1)　有機溶剤等を入れたことがあるタンクの内部における業務
(2)　強烈な騒音を発する場所における作業に係る業務
(3)　人力により重量物を取り扱う業務
(4)　ガンマ線照射装置を用いて行う透過写真の撮影の業務
(5)　削岩機，チッピングハンマー等チェーンソー以外の振動工具を取り扱う業務

解答・解説

問題１　解答　(3)
「特定化学物質」を取り扱う業務は「特別教育」は不要ですが，「特殊健康診断」の対象となります。
問題２　解答　(4)
問題３　解答　(4)

6 有害な作業環境およびその測定

作業環境測定の実施頻度は原則６か月に１回。測定記録の保存期間は原則３年です。

猫でもわかる重要ポイント

1 作業環境測定

事業者は有害な業務を行う屋内作業場その他の作業場で，必要な作業環境測定を行い結果を記録しておかなければなりません

作業場		測定の種類	測定回数	記録保存
酸素欠乏場所		酸素と硫化水素濃度	作業開始前	３年
暑熱・寒冷または多湿		気温・湿度・ふく射熱	半月に１回	３年
坑内	28度を超える	気温	半月に１回	３年
	通気設備のある坑内作業場	通気量	半月に１回	３年
	炭酸ガス停滞	炭酸ガス濃度	１か月に１回	３年
放射線業務管理区域		外部放射線による線量率	１か月に１回	５年
放射線物質取扱い		空気中の放射線濃度	１か月に１回	５年
中央管理方式の空気調和設備		CO，CO_2濃度・室温・外気温・相対湿度	２か月に１回	３年
粉じん		粉じん濃度	６か月に１回	７年
騒音		等価騒音レベル	６か月に１回	３年
特定化学物質（第１，２類）		空気中濃度	６か月に１回	３年 ※【評価】の記録は含まず
有機溶剤		有機溶剤濃度	６か月に１回	３年
石綿等		空気中石綿濃度（毎日１回以上水洗い清掃）	６か月に１回	40年
一定の鉛業務		空気中鉛濃度	１年に１回	３年

関連補足

①［　　　］は指定作業場であり，事業場の「作業環境測定士」又は「作業環境測定機関」に委託して測定を行う

②測定の対象にならない場所「アンモニアを取り扱う屋内作業場」「病原体による汚染の恐れのある屋内作業場」

③「溶融ガラスを扱う業務」…暑熱な作業場　⇒　半月以内ごとに気温・湿度・輻射熱を測定

④作業環境測定士は厚生労働大臣の登録を受ける第１種，第２種作業環境測定士の２区分である

⑤報告書の提出義務はない。

覚え方　6月に1回作業環境測定を行う作業場の覚え方

ム！	紛争	（騒）	特	有	石
6月	粉じん	騒音	特定化学	有機溶剤	石綿

本試験によく出る重要問題

問題1　有害業務を行う作業場について，法令に基づき，定期に行わなければならない作業環境測定とその頻度の組合せとして，法令の定めと異なっているものは次のうちどれか。

⑴　非密封の放射性物質を取り扱う作業室における空気中の放射性物質の濃度の測定……………………………6か月以内ごとに1回

⑵　チッパーによりチップする業務を行う屋内作業場における等価騒音レベルの測定……………………………6か月以内ごとに1回

⑶　通気設備が設けられている坑内の作業場における通気量の測定………………………………半月以内ごとに1回

⑷　鉛蓄電池の解体工程において鉛等を切断する業務を行う屋内作業場における空気中の鉛の濃度の測定……1年以内ごとに1回

⑸　多量のドライアイスを取り扱う業務を行う屋内作業場における気温及び湿度の測定…………………………半月以内ごとに1回

問題2　次の法定の作業環境測定を行うとき，作業環境測定士に測定を実施させなければならないものはどれか。

⑴　チッパーによりチップする業務を行い著しい騒音を発する屋内作業場における等価騒音レベルの測定

⑵　パルプ液を入れてある槽の内部における空気中の酸素及び硫化水素の濃度の測定

⑶　有機溶剤等を製造する工程で有機溶剤等の混合の業務を行う屋内作業場における空気中のトルエン濃度の測定

⑷　溶融ガラスからガラス製品を成型する業務を行う屋内作業場における気温，湿度及びふく射熱の測定

⑸　通気設備が設けられている坑内の作業場における通気量の測定

問題3　次の作業環境測定を行うとき，法令上，作業環境測定士が測定を実施しなければならないものはどれか。

⑴　チッパーによりチップする業務を行い著しい騒音を発する屋内作業場における等価騒音レベルの測定

⑵　パルプ液を入れたことのある槽の内部において作業を行う場合の当該作業場における空気中の酸素及び硫化水素の濃度の測定

(3)　常時セメントを袋詰めする作業を行う屋内作業場における空気中の粉じん濃度の測定

(4)　溶融ガラスからガラス製品を成型する業務を行う屋内作業場における気温，湿度及びふく射熱の測定

(5)　炭酸ガス（二酸化炭素）が停滞するおそれのある坑内の作業場における空気中の炭酸ガス濃度の測定

解答・解説

問題１　**解答**　(1)

(1)非密封の放射性物質を取り扱う作業室における空気中の放射性物質の濃度の測定は【１ヶ月】以内ごとに１回行う。

問題２　**解答**　(3)

作業環境測定士が作業環境測定を実施するのは「指定作業場」における有害業務を行う屋内作業場等のことをいい，指定作業場とは

（イ）土石，岩石，金属または炭素の粉じんを著しく発散する場所
（ロ）放射性物質を取扱う作業室
（ハ）特定化学物質を製造，取扱う作業場
（ニ）一定の鉛業務を行う作業場
（ホ）有機溶剤を製造取扱う作業場

があり，(3)は（ホ）に該当します

問題３　**解答**　(3)

常時セメントを袋詰めする作業を行う屋内作業場は上記（イ）に該当します。

7 特殊健康診断

初期の場合はほとんどが無自覚なので，医師が患者に質問する問診より，検査結果などの他覚的所見によって発見されることの方が多いです。つまり自覚症状より他覚的所見が先です。

猫でもわかる重要ポイント

事業者は有害な労働に従事する労働者に対し医師による特別の項目についての健康診断，歯科医師による健康診断を行わなければなりません。

1 特殊健康診断一覧

これ重要！

健康診断名	おもな検査項目	保存年数
有機溶剤等（第１種２種）	尿中たんぱくの有無，貧血，肝機能×血清トリグリセライド	５年
高気圧業務（高圧室内，潜水）	四肢の運動機能の検査，肺の検査（肺活量の検査），聴力の検査	５年
鉛業務	尿中のデルタアミノレブリン酸量，血液中の鉛量	５年
電離放射線	白内障，皮膚検査，白血球数および白血球百分率の検査	30年
じん肺法上の粉じん作業	胸部エックス線写真検査	７年
石綿業務	胸部エックス線直接撮影による検査等	40年
特定化学物質業務（第１，２類） 《特定化学物質の内「特別管理物質」以外》	皮膚所見の有無の検査など	30年 《５年》
四アルキル鉛業務	好塩基点赤血球数の検査等	５年

関連補足

①特定化学物質と石綿業務は現在従事していなくても，過去に従事していれば特殊健康診断が必要

②原則として6月以内に1回行う。
例外は「四アルキル鉛業務」の3月以内に1回，「じん肺」は管理区分（1，2）により3年か1年以内に1回

③特殊健康診断は，事業場の規模にかかわらず結果報告を労働基準監督署長に提出しなければならない

2 特殊健康診断の対象外

試験対策として，特殊健康診断の対象外の物質・業務名も覚えておきましょう。

（イ）　酸素欠乏危険作業
（ロ）　第3種有機溶剤
（ハ）　特定化学物質第3類

覚え方　特殊健康診断の対象外

散々な診断は対象外

酸素欠乏危険作業と第3種有機溶剤，特定化学物質第3類

3 歯科医師による健康診断

歯科医師による健康診断が義務付けられている有害物質の具体名は次のとおりです。

（イ）塩酸（えんさん），（ロ）硝酸（しょうさん），（ハ）硫酸（りゅうさん），（ニ）亜硫酸（ありゅうさん），（ホ）弗化水素（ふっか），（へ）黄りん（おう）

覚え方　歯科医師による健康診断

歯医者さん　ふっと　笑った歯が黄色

（さん：酸　ふっと：弗化水素　黄色：黄リン）

8 健康管理手帳

粉塵作業にかかわっていた方の手帳の交付要件は，管理区分 2 か 3 です。

猫でもわかる重要ポイント

都道府県労働局長は，がんその他の重度の健康障害を生ずる恐れのある業務に一定期間以上，従事していた者に対し，離職の際，又は離職後に，当該業務に係る健康管理手帳を交付します

交付要件	対象業務
3 か月以上従事	ベンジジン製造等，ベーターナフチルアミン製造等，ジアニシジン製造等
3 年以上従事	ビス（クロロメチル）エーテル製造等，ベンゾトリクロリド製造等
4 年以上従事	クロム酸，重クロム酸，塩化ビニル，ポリ塩化ビニル製造等
5 年以上従事	三酸化砒素製造等，コークス製造等，オルト-メルイジン
じん肺管理区分 2，3	粉じん作業
結節性陰影がある者	ベリリウム製造等
不整形陰影・胸膜肥厚がある者	石綿製造等

●鉛，硝酸，水銀，シアン化水素ベンゼン，メタノールは健康管理手帳の交付対象ではない
●有害物質による健康障害は他覚所見が自覚症状に先行することが多い。

覚え方　健康管理手帳がもらえない有害業務

なまっているしょうさんと水銀しゃん
（鉛　硝酸　水銀・シアン化水素）
は手帳をもらえません

本試験によく出る重要問題

問題 1　次の有害業務に従事した者のうち，離職の際に又は離職の後に，法令に基づく健康管理手帳の交付対象となるものはどれか。

(1)　シアン化ナトリウムを取り扱う業務に 10 年従事した者
(2)　ビス（クロロメチル）エーテルを取り扱う業務に 3 年以上従事した者
(3)　硝酸を取り扱う業務に 5 年以上従事した者
(4)　ベンゼンを取り扱う業務に 5 年以上従事した者
(5)　メタノールを取り扱う業務に 10 年以上従事した者

問題 2　特定の有害業務に従事した者については，離職の際に又は離職の後に，法令に基づく健康管理手帳が交付されるが，次の者のうち，交付対象とならないものはどれか。

(1)　水銀を取り扱う業務に 5 年以上従事した者
(2)　塩化ビニルを重合する業務に 4 年以上従事した者
(3)　ベータ−ナフチルアミンを取り扱う業務に 3 か月以上従事した者
(4)　ジアニシジンを取り扱う業務に 3 か月以上従事した者
(5)　石綿等が吹き付けられた建築物の解体の作業に 1 年以上従事した者で，初めて石綿等の粉じんにばく露した日から 10 年以上経過しているもの

問題 3　特定化学物質の第一類物質に関する次の記述のうち，法令上，正しいものはどれか。

(1)　第一類物質は，「クロム酸及びその塩」を始めとする 7 種の発がん性の認められた化学物質並びにそれらを一定量以上含有する混合物である。
(2)　第一類物質を製造しようとする者は，あらかじめ，物質ごとに，かつ，当該物質を製造するプラントごとに厚生労働大臣の許可を受けなければならない。
(3)　第一類物質を容器に入れ，容器から取り出し，又は反応槽等へ投入する作業を行うときは，発散源を密閉する設備，外付け式フードの局所排気装置又はプッシュプル型換気装置を設けなければならない。
(4)　第一類物質を取り扱う屋内作業場についての作業環境測定結果及びその評価の記録を保存すべき期間は 3 年である。
(5)　第一類物質を取り扱う業務に常時従事する労働者に係る特定化学物質健康診断個人票を保存すべき期間は 5 年である。

解答・解説

問題1　解答　(2)

問題2　解答　(1)

問題3　解答　(2)

(1)「クロム酸及びその塩」は第二類物質です。

(2)正しい

(3)第一類の取り扱いの際の局所排気装置は，外付け式フードではなく囲い式フード付局所排気装置の設置が必要です。

(4)特定化学物質を測定結果の保存期間は3年ですが，「評価」記録には保存義務はありません。

(5)保存すべき期間は30年です。

1 労働安全衛生規則

著しい騒音が発生する場所は立ち入り禁止ではありません。

猫でもわかる重要ポイント

有害作業場において，その原因を除去するため，代替物の使用，作業方法，機械の改善などの措置が必要です。

項　目	内　容
内燃機関の使用禁止	換気が不十分なところでの内燃機関を有する機械の使用禁止
騒音	強烈な騒音を発する屋内作業場を標識によって明示 伝播の防止隔壁の設置 6か月以内ごとに1回　等価騒音レベルを測定し記録を3年間保存
防音保護具	耳栓その他の保護具を常備
立入禁止	・多量の高熱物物体を取り扱う場所または著しく暑熱な場所 ・多量の低温物物体を取り扱う場所または著しく寒冷な場所 ・有害な光線または超音波にさらされる場所 ・炭酸ガス（二酸化炭素）濃度が1.5％を超える場所 ・ガス，蒸気または粉じんを発散する有害な場所 ・有害物を取り扱う場所 ・病原体による汚染のおそれの著しい場所 ・酸素濃度が18％に満たない場所または硫化水素濃度が10/100万（10 ppm）を超える場所 ※著しい騒音が発生する場所は立ち入り禁止ではない
気温，湿度，ふく射熱の測定	半月以内ごとに1回，定期に気温，湿度およびふく射熱の測定が必要
坑内	通気設備の設置 半月以内ごとに1回通気量を測定 気温は37℃以下（定期に気温を測定し記録を3年間保存） 1か月以内ごとに1回，炭酸ガス（二酸化炭素）濃度を測定し，記録を3年間保存）
ダイオキシン	廃棄物の焼却施設において6か月以内ごとに1回　ダイオキシン類を測定
休憩設備	著しく暑熱，寒冷または多湿の作業場，有毒ガス・蒸気・粉じんを発する場所に設置

2 有機溶剤中毒予防規則

有機溶剤にかかわる設備において第１種，２種，３種とそれぞれ規定されています。必須問題ですので，確実におさえましょう！

猫でもわかる重要ポイント

1 有機溶剤

物を溶かしたり，洗浄するときに使用する液体の有機化合物（身近なものでいえば，ガソリンやシンナー）のことで，有機溶剤等とは有機溶剤を重量の５％を超えて含有するものをいいます。

	第１種有機溶剤	第２種有機溶剤	第３種有機溶剤
物質例	二硫化炭素， １，２-ジクロルエチレン，	メタノール，アセトン トルエン，ノルマルヘキサン	ガソリン 石油ナフサ等
表示色	赤	黄	青
提示項目	人体に及ぼす作用，取扱いの注意事項，中毒発生時の応急措置		

・「有機溶剤健康診断」および「作業環境測定（空気中の濃度測定）は６ヶ月以内ごとに１回行う

有機溶剤等健康診断個人票の記録…５年間　作業環境測定結果等の記録の保存…３年間

第１種有機溶剤等を重量の５％を超えて含有するもの（a）

→　第１種有機溶剤等

第２種有機溶剤等を重量の５％を超えて含有するもの（但しａを除く）

→　第２種有機溶剤等

第１種有機溶剤等と第２種有機溶剤等に区分されない有機溶剤等

→　第３種有機溶剤等

2 第1種，第2種有機溶剤に係る設備

屋内作業場等において第1種，第2種有機溶剤に係る業務に労働者を従事させる時は作業場所に次の設備のいずれかを設けなければなりません。

①有機溶剤の蒸気の発散源を密閉する設備
②局所排気装置
③プッシュプル型換気装置

これらを設置すればマスクは不要

3 第3種有機溶剤に係る設備

全体換気で，第3種有機溶剤業務を行うタンク内で作業する時は「送気マスク」か「有機ガス用防毒マスク」が必要です。

4 有機溶剤共通に係る設備

・有機溶剤等を入れたことのあるタンクで有機溶剤の蒸気が発散するおそれのあるものの内部における業務に労働者を従事させるときは，当該労働者に送気マスクが必要

・全体換気で，臨時にタンク内部における有機溶剤業務は「送気マスク」か「有機ガス用防毒マスク」が必要

5 有機溶剤の空容器

・その容器を密閉するか，屋外の一定の場所に集積しておかなければならない

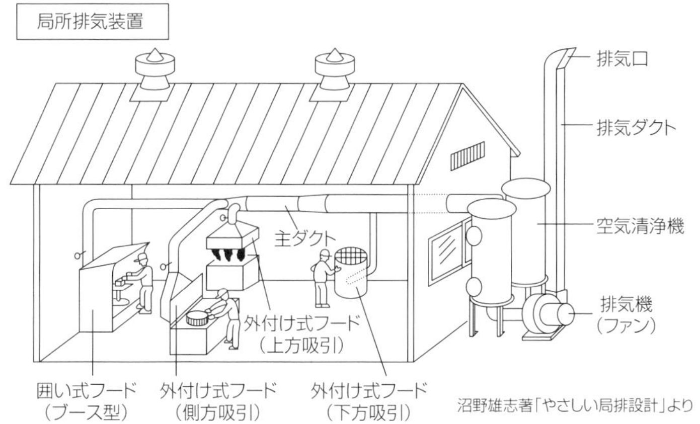

沼野雄志著「やさしい局排設計」より

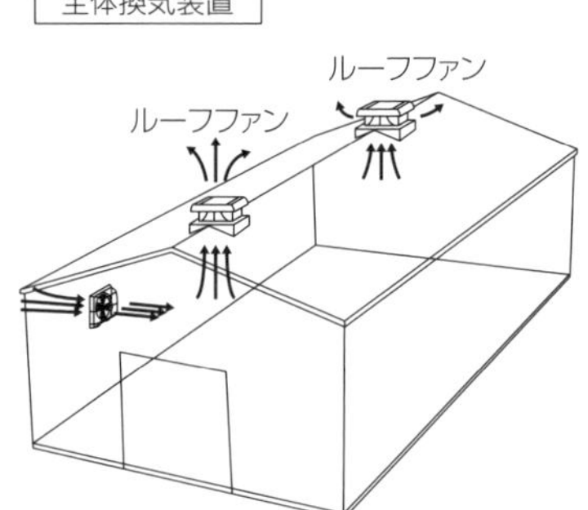

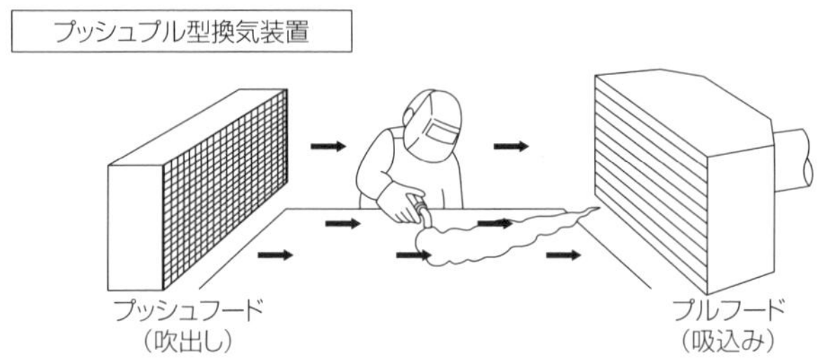

6 性能等

- 空気清浄機を設けていない局所排気装置等の排気口の高さを屋根から1.5m以上としなければならない
- 局所排気装置の「囲い式フード」の制御風速は0.4m/秒以上,「外付フード」の制御風速は0.5m/秒以
- 制御風速とは発散する有害物をフードで完全に補足吸引するのに必要な気流の速度をいう
- プッシュプル型換気装置の定期自主検査は1年以内ごとに1回行う（記録を3年間保存）

本試験によく出る重要問題

問題1　地下室の内部の作業場において，常時，有機溶剤業務を行う場合の措置について，有機溶剤中毒予防規則に違反しているものは次のうちどれか。

ただし，同規則に定める適用除外及び設備の特例はないものとする。

(1)　第一種有機溶剤等を用いて洗浄作業を行う場所に，局所排気装置を設け有効に稼働させているが，作業者に送気マスクも有機ガス用防毒マスクも使用させていない。

(2)　第二種有機溶剤等を用いて払しょく作業を行う場所に，プッシュプル型換気装置を設けブース内の気流の乱れもなく有効に稼働させているが，作業者に送気マスクも有機ガス用防毒マスクも使用させていない。

(3)　第三種有機溶剤等を用いて吹付けによる塗装作業を行う場所に，全体換気装置を設け有効に稼働させているが，作業者に送気マスクも有機ガス用防毒マスクも使用させていない。

(4)　作業場所に設置した局所排気装置で空気清浄装置を設けていないものの排気口の高さを，屋根から2mとしている。

(5)　第二種有機溶剤等を用いて，つや出し作業を行う場所の見やすい箇所に，有機溶剤等の区分を黄による色分けと色分け以外の方法を併用して表示している。

問題2　屋内作業場において，第二種有機溶剤等を使用して常時洗浄作業を行う場合の措置として，有機溶剤中毒予防規則上，正しいものは次のうちどれか。ただし，同規則に定める適用除外及び設備の特例はないものとする。

(1)　作業場所に設ける局所排気装置について，外付け式フードの場合は最大で0.4 m/sの制御風速を出し得る能力を有するものにする。

(2)　作業中の労働者が有機溶剤等の区分を容易に知ることができるよう，容器に青色の表示をする。

(3)　作業場における空気中の有機溶剤の濃度を，1年以内ごとに1回，定期に，測定する。

(4)　作業場所に設けたプッシュプル型換気装置について，1年を超える期間使用しない場合を除き，1年以内ごとに1回，定期に，自主検査を行う。

(5)　作業に常時従事する労働者に対し，1年以内ごとに1回，定期に，有機溶剤等健康診断を行う。

問題3　有機溶剤業務を行う場合の措置について，有機溶剤中毒予防規則に違反しているものは次のうちどれか。

ただし，同規則に定める適用除外及び設備の特例はないものとする。

⑴　地下室の内部で第一種有機溶剤等を用いて作業を行わせるとき，その作業場所に局所排気装置を設け稼働させているが，作業者に送気マスクも有機ガス用防毒マスクも使用させていない。

⑵　地下室の内部で第二種有機溶剤等を用いて作業を行わせるとき，その作業場所にプッシュプル型換気装置を設けブース内の気流の乱れもなく稼働させているが，作業者に送気マスクも有機ガス用防毒マスクも使用させていない。

⑶　屋内作業場の製造工程において，第三種有機溶剤等を用いて製品の払しょく作業を行わせるとき，有機溶剤作業主任者を選任していない。

⑷　屋内作業場に設けた空気清浄装置のない局所排気装置の排気口で，厚生労働大臣が定める濃度以上の有機溶剤を排出するものの高さを，屋根から２ｍとしている。

⑸　有機溶剤等を入れてあった空容器で，有機溶剤の蒸気が発散するおそれのあるものを，屋外の一定の場所に集積している。

問題4　業場において第一種有機溶剤等を使用して有機溶剤業務を行う場合の措置として，法令上，正しいものは次のうちどれか。ただし，有機溶剤中毒予防規則に定める適用除外及び設備の特例はないものとする。

⑴　有機溶剤業務に常時従事する労働者に対し，１年以内ごとに１回，定期に，有機溶剤等健康診断を行う。

⑵　有機溶剤業務を行う作業場所に設けた局所排気装置について，２年を超える期間使用しない場合を除き，２年以内ごとに１回，定期自主検査を行い，その結果を記録し３年間保存する。

⑶　作業中の労働者が，有機溶剤等の区分を容易に知ることができるよう，見やすい場所に，赤色及び「第一種有機溶剤等」の文字の表示をする。

⑷　第一種衛生管理者免許を有する者のうちから有機溶剤作業主任者を選任する。

⑸　剤業務を行う屋内作業場について，有機溶剤作業主任者に，６か月以内ごとに１回，定期に，作業環境測定を実施させる。

問題5　有機溶剤中毒予防規則に関する次の記述のうち，誤っているものはどれか。
ただし，同規則に定める適用除外及び設備の特例はないものとする。

(1)　有機溶剤含有物とは，有機溶剤と有機溶剤以外の物との混合物で，有機溶剤を当該混合物の重量の10％を超えて含有するものをいう。

(2)　第一種有機溶剤等であるトリクロルエチレンを総重量の4％，第二種有機溶剤等であるキシレンを総重量の8％含有し，残りは有機溶剤以外の物から成る混合物は，第二種有機溶剤等に区分される。

(3)　有機溶剤等の区分を色分けにより表示するとき，第二種有機溶剤等については，黄色で行わなければならない。

(4)　有機溶剤等を入れてあった空容器で有機溶剤の蒸気が発散するおそれのあるものについては，密閉するか，又は屋外の一定の場所に集積しておかなければならない。

(5)　有機溶剤等を入れたことのあるタンクで有機溶剤の蒸気が発散するおそれのあるものの内部における業務に労働者を従事させるときは，当該労働者に送気マスクを使用させなければならない。

解答・解説

問題1　解答　(3)

第三種有機溶剤等で全体換気装置を稼働している場合は，送気マスク又は有機ガス用防毒マスクを使用させなければなりません。

問題2　解答　(4)

(1)制御風速が0.4 m/s以上なのは「囲い式フード」の局所装置です。
(2)第二種有機溶剤は黄色で表示しなければなりません。
(3)環境測定は6月以内ごとに1回行わなければなりません。
(4)正しい
(5)有機溶剤健康診断（特殊健康診断）は6か月以内ごとに行わなければなりません。

問題3　解答　(3)

有機溶剤を製造，取り扱う作業では「有機溶剤作業主任者」を選任する必要があります。

問題4　解答　(3)

(1)誤り　有機溶剤業務の従事する労働者に対しては「6月以内」ごとに1回，定期に特殊健康診断を行います。
(2)誤り　有機溶剤業務を行う作業場所に設けた局所排気装置は「1年以内」ごとに1回定期自主検査を行い，記録を3年間保存します。
(3)正しい
(4)誤り　有機溶剤作業主任者は「技能講習修了者」のうちから選任します。
(5)誤り　作業環境測定は作業環境「測定士」が行います。

問題5　解答　(1)

3 特定化学物質障害予防規則

第１類および２類物質は局所排気装置またはプッシュプル型換気装置を使用しなければなりません。

猫でもわかる重要ポイント

1 特定化学物質の種類

これ重要！

種類	第１類物質	第２類物質	第３類物質
物質例	製造の許可が必要な物質 ジクロルベンジジンおよびその塩 アルファーナフチルアミンおよびその塩 塩素化ビフェニル（PCB） オルトートリジンおよびその塩 ジアニシジンおよびその塩 ベリリウムおよびその化合物 ベンゾトリクロリド	特定第２類物質 エチレンオキシド アクリルアミド，塩化ビニル 塩素，フッ化水素 ベンゼン，ホルムアルデヒド 硫酸ジメチル エチルベンゼン 1,2-ジクロロエタン クロロホルム，オーラミン，マゼンタ，シアン化水素 アルキル水銀化合物 カドミウム，重クロム酸 コールタールなど	アンモニア 一酸化炭素 硝酸 硫酸 フェノール ホスゲン 二酸化硫黄
作業主任者	○	○	○
作業環境測定	○　６月に１回	○　６月に１回	－
特殊健康診断	○　６月に１回	△　６月に１回	－

△エチレンオキシドとホルムアルデヒドは対象外

関連補足

①第１類，第２類物質の製造及び取り扱う作業場は６月に１回，作業環境測定，健康診断が必要
また関係者以外の立入りを禁止し，その旨を見やすい箇所に表示が必要

②第一類および第二類物質の作業を行うときは，発散源を密閉する設備，囲い式フードの局所排気装置又はプッシュプル型換気装置を設けなければならない

2 用後処理

除じん装置	粉じんの粒径に応じた除じん装置を設けなければならない 5 μm（マイクロメートル）未満→ろ過除じん方式又は電気除じん方式 ヒュームの場合→ろ過除じん方式又は電気除じん方式
排ガス処理	硫化水素等を排出する場合には有効な排ガス処理装置を設ける
排液処理	アルキル水銀化合物→酸化・還元方式 塩酸，硫酸→中和処理 シアン化合物　→　酸化・還元・活性汚泥方式
残さい物処理	アルキル水銀化合物を含有する残さい物は除毒後，廃棄する
ぼろ等の処理	汚染ぼろ等は蓋または栓をした不浸透性の容器に納める

本試験によく出る重要問題

問題1 **次の文中の［　　］内に入れるA及びBの語句の組合せとして，正しいものは(1)～(5)のうちどれか。**

「特定化学物質障害予防規則には，特定化学物質の用後処理として，除じん，排ガス処理，［A］，残さい物処理及びぼろ等の処理の規定がある。その中の［A］については，シアン化ナトリウムの場合には，［B］方式若しくは活性汚泥方式による［A］装置又はこれらと同等以上の性能を有する［A］装置を設けなければならないと規定されている。」

	A	B
(1)	浄化処理	中和
(2)	浄化処理	吸収
(3)	浄化処理	凝集沈殿
(4)	排液処理	吸着
(5)	排液処理	酸化・還元

解答・解説

問題1 **解答** (5)

特定化学物質障害予防規則第11条（排液処理）に記載。

4 電離放射線障害防止規則

実効線量は5年間につき100ミリシーベルトを超えず，且つ1年間につき50ミリシーベルトを超えないようにしなければなりません。
妊娠可能な女性の放射線業務従事者の受ける実効線量は3ヶ月間につき5ミリシーベルトを超えないようにしなければなりません。

猫でもわかる重要ポイント

1 管理区域（標識により明示）

・外部放射線による実効線量と空気中の放射性物質による実効線量との合計が3か月間につき1.3 mSvを超えるおそれのある区域

・放射性物質の表面密度が法令に定める表面汚染に関する限度の10分の1を超えるおそれのある区域

※外部放射線による実効線量の算定は，1 cm線量当量によって行う

放射線業務従事者区分	被ばくの限度（実効線量）
男性及び妊娠する可能性がないと診断された女性	5年間につき100 mSvかつ1年間につき50 mSv
妊娠可能な女性	3か月につき5 mSv
妊娠中の女性	（内部被ばく）：1 mSv
緊急作業時（男性及び妊娠可能性がないと診断された女性）	100 mSv

本試験によく出る重要問題

問題1　**管理区域内において放射線業務に従事する労働者の被ばく限度に関する次の文中の[　　]内に入れるAからDの語句又は数値の組合せとして，法令上，正しいものは(1)～(5)のうちどれか。**

「男性又は妊娠する可能性がないと診断された女性が受ける実効線量の限度は，緊急作業に従事する場合を除き，［　A　］間につき［　B　］，かつ，［　C　］間につき［　D　］である。」

	A	B	C	D
(1)	1年	50 mSv	1か月	5 mSv
(2)	3年	100 mSv	3か月	10 mSv
(3)	3年	100 mSv	1年	50 mSv
(4)	5年	100 mSv	1年	50 mSv
(5)	5年	200 mSv	1年	100 mSv

問題2　電離放射線障害防止規則に基づく管理区域に関する次の文中の［　　］内に入れるAからCの語句又は数値の組合せとして，正しいものは(1)～(5)のうちどれか。26/10

「① 管理区域とは，外部放射線による実効線量と空気中の放射性物質による実効線量との合計が［　A　］間につき［　B　］を超えるおそれのある区域又は放射性物質の表面密度が法令に定める表面汚染に関する限度の10分の1を超えるおそれのある区域をいう。
② ①の外部放射線による実効線量の算定は，［　C　］線量当量によって行う。」

	A	B	C
(1)	1か月	1.3 mSv	70 μm
(2)	3か月	1.3 mSv	70 μm
(3)	3か月	1.3 mSv	1 cm
(4)	1か月	5 mSv	1 cm
(5)	3か月	5 mSv	70 μm

解答・解説

問題1　**解答**　(4)

電離放射線障害防止規則第4条（放射線業務従事者の被ばく限度）に記載。

問題2　**解答**　(3)

電離放射線とは，次の粒子線または電磁波のことをいいます
(イ) アルファ線，重陽子線及び陽子線，(ロ) ベータ線および電子線，(ハ) 中性子線
(二) ガンマ線およびエックス線

5 酸素欠乏症等防止規則

第一種酸素欠乏危険作業と第二種酸素欠乏危険作業との違いを覚えましょう。

猫でもわかる重要ポイント

・酸素欠乏…空気中の酸素濃度が18％未満である状態
・硫化水素中毒…硫化水素の濃度が10 ppmを超える空気を吸入することにより生ずる症状が認められる状態
・酸素欠乏危険作業には次の2つの種類があり，酸欠症等防止措置が講じられる。

防止措置等	第1種酸素欠乏危険作業	第2種酸素欠乏危険作業 （酸素欠乏症と硫化水素中毒の恐れのあるもの）
作業場所概要	ドライアイスを使用した保冷貨物自動車の内部 果菜（バナナ等）の熟成のために使用している倉庫 醸造槽内，坑の内部における作業	海水が滞留したことのあるピット内部 船倉内（腐泥，汚れを運搬している） 汚水槽内をいう。（酸素濃度は関係ない）
濃度と換気	酸素濃度18％以上を保つように換気する	酸素濃度18％以上と硫化水素濃度100万分の10以下に保つように換気する
測定と点検	その日の作業開始前に酸素濃度（第1種・第2種），硫化水素濃度（第2種）の測定と保護具（防毒マスク×）の点検を行う	
人員の点検	入退場する時，従事労働者の人員を点検する	
特別教育	作業に就労する労働者に行う	
特殊健康診断	必要なし	
監視人の配置	異常があった時に作業主任者・関係者等に通報する者を配置する	

関連補足

①汚水槽内や船倉内は酸素濃度が 18 %以上，硫化水素濃度が 10 ppm 以下であっても酸素欠乏危険場所

②純酸素による換気は厳禁！

③酸素濃度 15～16 %で頭痛・はき気の症状

④特別教育の科目…（防毒マスクの使用方法×）

本試験によく出る重要問題

問題1　酸素欠乏症等の防止等に関する次の記述のうち，法令上，誤っているものはどれか。

ただし，空気呼吸器等とは，空気呼吸器，酸素呼吸器又は送気マスクをいう。

(1)　第一種酸素欠乏危険作業については，その日の作業開始後速やかに，当該作業場における空気中の酸素の濃度を測定しなければならない。

(2)　酸素欠乏危険作業に労働者を従事させる場合で，当該作業を行う場所において酸素欠乏等のおそれが生じたときは，直ちに作業を中止し，労働者をその場所から退避させなければならない。

(3)　酸素欠乏症等にかかった労働者を酸素欠乏等の場所において救出する作業に労働者を従事させるときは，当該救出作業に従事する労働者に空気呼吸器等を使用させなければならない。

(4)　タンクの内部その他通風が不十分な場所において，アルゴン等を使用して行う溶接の作業に労働者を従事させるときは，作業を行う場所の空気中の酸素の濃度を 18 %以上に保つように換気し，又は労働者に空気呼吸器等を使用させなければならない。

(5)　労働者が酸素欠乏症等にかかったときは，遅滞なく，その旨を当該作業を行う場所を管轄する労働基準監督署長に報告しなければならない。

問題2　次の作業のうち，第二種酸素欠乏危険作業に該当するものはどれか。

(1)　海水が滞留したことのあるピットの内部における作業

(2)　相当期間密閉されていた鋼製のタンクの内部における作業

(3)　果菜の熟成のために使用している食庫の内部における作業

(4)　第一鉄塩類を含有している地層に接するたて坑の内部における作業

(5)　ドライアイスを使用して冷蔵を行っている保冷貨物自動車の内部における作業

問題 3　酸素欠乏症等防止規則に関する次の記述のうち，正しいものはどれか。

⑴　第一種酸素欠乏危険作業を行う作業場については，その日の作業を開始する前に，空気中の酸素及び二酸化炭素の濃度を測定しなければならない。

⑵　第二種酸素欠乏危険作業を行う作業場については，その日の作業を開始する前に，空気中の酸素及び亜硫酸ガスの濃度を測定しなければならない。

⑶　酸素欠乏とは，空気中の酸素の濃度が 18%未満である状態をいう。

⑷　酸素欠乏危険作業を行う場所の換気を行うときは，純酸素又は新鮮な外気を使用しなければならない。

⑸　爆発，酸化等を防止するため，酸素欠乏危険作業を行う場所の換気を行うことができない場合には，送気マスク又は防毒マスクを備え，労働者に使用させなければならない。

問題 4　酸素欠乏症等防止規則に関する次の記述のうち，法令上，誤っているものはどれか。

⑴　酸素欠乏危険作業を行う作業場については，その日の作業を開始する前に，当該作業場における空気中の酸素の濃度を測定しなければならない。

⑵　酸素欠乏危険作業を行う作業場については，その日の作業を開始する前に，当該作業場における空気中の酸素及び硫化水素の濃度を測定しなければならない。

⑶　酸素欠乏とは，空気中の酸素の濃度が 18 %未満である状態をいう。

⑷　酸素欠乏危険作業を行う場所の換気を行うときは，純酸素又は新鮮な外気を使用しなければならない。

⑸　酸素欠乏危険作業に労働者を従事させるときは，労働者を当該作業を行う場所に入場させ，及び退場させる時に，人員を点検しなければならない。

解答・解説

問題1　**解答**　(1)

第一種酸素欠乏危険作業を行う作業場については，その日の【作業を開始する前に】，当該作業場における空気中の酸素の濃度を測定しなければなりません

問題2　**解答**　(1)

第一種酸素欠乏危険作業…酸素欠乏症となるおそれはあるが硫化水素中毒となるおそれはない場所での作業

第二種酸素欠乏危険作業…酸素欠乏症かつ硫化水素中毒となるおそれのある場所での作業

問題3　**解答**　(3)

(1)「二酸化炭素」の濃度の測定は不要です。

(2)「亜硫酸ガス」ではなく「硫化水素」の濃度を測定しなければなりません。

(3)正しい

(4)爆発のおそれがあるので換気に「純酸素」は使用してはいけません。

(5)「防毒マスク」ではなく「空気呼吸器，酸素呼吸器」を備えます

問題4　**解答**　(4)

爆発のおそれがあるので換気に「純酸素」は使用してはいけません

6 粉じん障害防止規則

粉じん障害防止規則の別表第一に掲げられている粉じん作業で，そのうち，粉じんの発生源が『特定粉じん発生源』であるものを特定粉じん作業といいます。

猫でもわかる重要ポイント

1 特定粉じん作業の例

・屋内において，セメント，粉状の鉱石，炭素原料，フライアッシュ等を袋詰めする箇所における作業

・屋内において，動力により金属を研磨する作業（手持ち式動力工具の場合は×）

・ガラス製品，陶磁器，炭素製品を製造する工程において原料を混合する作業（原料の投げ入れ作業は×）

・型ばらし装置を用いて，砂型を壊す作業

2 粉じんの種類

粉じんの種類	除じん方式
ヒューム	ろ過除じん方式，電気除じん方式
ヒューム以外の粉じん	サイクロンによる除じん方式，スクラバによる除じん方式， ろ過除じん方式，電気除じん方式

3 点検・清掃等

・特定粉じん発生源については発生源の区分に応じて，密閉する設備，局所排気装置，プッシュプル型換気装置若しくは湿潤な状態に保つための設備の設置又はこれらと同等以上の措置が必要

・特定粉じん作業以外の粉じん作業を行う屋内作業場については，全体換気装置による換気の実施又はこれと同等以上の措置が必要
・粉じんを扱う屋内作業場は毎日１回以上清掃を行い，６月以内ごとに１回粉じんの濃度の測定を行い，記録を７年間保存しなければならない
・粉じん作業に労働者を従事させるときは，粉じん作業を行う作業場以外の場所に休憩設備を設けなければならない

本試験によく出る重要問題

問題１　**粉じん障害防止規則に基づく措置に関する次の記述のうち，誤っているものはどれか。**

ただし，同規則に定める適用除外及び特例はないものとする。

(1)　屋内の特定粉じん発生源については，その区分に応じて密閉する設備，局所排気装置，プッシュプル型換気装置若しくは湿潤な状態に保つための設備の設置又はこれらと同等以上の措置を講じなければならない。
(2)　常時特定粉じん作業を行う屋内作業場については，６か月以内ごとに１回，定期に，空気中の粉じんの濃度の測定を行い，測定結果等を記録して，これを５年間保存しなければならない。
(3)　特定粉じん発生源の局所排気装置に，法令に基づき設ける除じん装置は，ヒュームとヒューム以外の粉じんとに応じて，除じん方式が定められている。
(4)　特定粉じん作業以外の粉じん作業を行う屋内作業場については，全体換気装置による換気の実施又はこれと同等以上の措置を講じなければならない。
(5)　粉じん作業を行う屋内の作業場所については，毎日１回以上，清掃を行わなければならない。

問題２　**次の粉じん発生源のうち，法令上，特定粉じん発生源に該当するものはどれか。**

(1)　屋内のガラスを製造する工程において，原料を溶解炉に投げ入れる箇所
(2)　耐火物を用いた炉を解体する箇所
(3)　屋内において，研磨材を用いて手持式動力工具により金属を研磨する箇所
(4)　屋内において，フライアッシュを袋詰めする箇所
(5)　タンクの内部において，金属をアーク溶接する箇所

問題３　粉じん障害防止規則に基づく措置に関する次の記述のうち，誤っているものはどれか。

ただし，同規則に定める適用除外及び特例はないものとする。

(1)　常時特定粉じん作業を行う屋内作業場については，１年以内ごとに１回，定期に，作業環境測定を行うとともに，測定結果等を記録し，これを７年間保存しなければならない。

(2)　屋内の特定粉じん発生源については，発生源の区分に応じて，密閉する設備，局所排気装置，プッシュプル型換気装置若しくは湿潤な状態に保つための設備の設置又はこれらと同等以上の措置を講じなければならない。

(3)　特定粉じん作業以外の粉じん作業を行う屋内作業場については，全体換気装置による換気の実施又はこれと同等以上の措置を講じなければならない。

(4)　粉じん作業を行う屋内の作業場所については，毎日１回以上，清掃を行わなければならない。

(5)　粉じん作業に労働者を従事させるときは，坑内等の特殊な作業場でやむを得ない事由がある場合を除き，粉じん作業を行う作業場以外の場所に休憩設備を設けなければならない。

解答・解説

問題１　**解答**　(2)

常時特定粉じん作業を行う屋内作業場については，６か月以内ごとに１回，定期に，空気中の粉じんの濃度の測定を行い，測定結果等を記録して，これを【７年間】保存しなければなりません

問題２　**解答**　(4)

特定粉じん作業とは「鉱物性粉じん」を取り扱う作業のことをいい，フライアッシュはセメント「鉱物性粉じん」に該当します

問題３　**解答**　(1)

「６ヶ月」以内ごとに１回，定期に空気中の粉じんの濃度の測定を行う必要があります。

7 石綿障害予防規則

石綿が原因で発症する疾病に石綿（アスベスト）肺，肺がん，悪性中皮腫などがあります。

猫でもわかる重要ポイント

この規則では石綿もしくは石綿をその重量の0.1％を超えて含有する物を石綿等として定義しています。

1 作業場の洗浄

石綿等を取り扱う作業場の床は水洗等によって容易に掃除できる構造のものとし，毎日１回以上掃除をしなければなりません。

2 呼吸用保護具

石綿等を除去する作業で隔離を行った作業場所においては，電動ファン付き呼吸用保護具又は空気呼吸器，酸素呼吸器，送気マスクを使用させなければなりません（防じんマスク×）

3 作業環境測定

6か月以内ごとに１回，定期に，石綿の空気中における濃度を測定しなければなりません。事業者は測定を行ったときはその都度記録しこれを40年間保存しなければなりません

4 石綿健康診断個人票

石綿等の取扱いに伴い石綿の粉じんを発散する場所における業務に常時従事する労働者に対し，雇入れ時等のほか6月以内ごとに１回，定期に，特別の項目による健康診断を行い，その結果に基づき石綿健康診断個人票を作成し，当

該労働者が常時当該業務に従事しないこととなった日から40年間保存しなければなりません。

5 作業の記録

常時作業に従事する労働者について1月を超えない期間ごとに労働者の氏名，作業の概要および期間，応急措置の概要を記録し，これを当該労働者が当該事業場において常時当該作業に従事しないこととなった日から40年間保存するものとします。

6 定期自主検査

石綿等の粉じんが発散する屋内作業場に設けた局所排気装置については，原則として，1年以内ごとに1回，定期に，自主検査を行うとともに，検査の結果等を記録し，これを3年間保存しなければなりません。

7 事業の廃止

石綿等を取り扱い，又は試験研究のため製造する事業者は，事業を廃止しようとする時は石綿関係記録等報告書，作業記録，作業関係測定記録，石綿健康診断個人票を所轄労働基準監督署長に提出するものとします。

※石綿等除去作業については作業開始の日の14日前までに所轄労働基準監督署長に届け出が必要

本試験によく出る重要問題

問題1　**石綿障害予防規則に基づく措置に関する次の記述のうち，誤っているものはどれか。**

(1)　石綿等を取り扱う屋内作業場については，6か月以内ごとに1回，定期に，作業環境測定を行うとともに，測定結果等を記録し，これを40年間保存しなければならない。

(2)　石綿等の粉じんが発散する屋内作業場に設けた局所排気装置については，原則として，1年以内ごとに1回，定期に，自主検査を行うとともに，検査の結果等を記録し，これを3年間保存しなければならない。

(3)　石綿等の取扱いに伴い石綿の粉じんを発散する場所における業務に常時従事する労働者に対し，雇入れ時又は配置替え時及びその後6か月以内ごとに1回，定期に，特別の項目について医師による健康診断を行い，その結果に基づき，石綿健康診断個人票を作成し，これを当該労働者が常時当該業務に従事しないこととなった日から40年間保存しなければならない。

(4)　石綿等の取扱いに伴い石綿の粉じんを発散する場所において，常時石綿等を取り扱う作業に従事する労働者については，1か月を超えない期間ごとに，作業の概要，従事した期間等を記録し，これを当該労働者が常時当該作業に従事しないこととなった日から40年間保存する必要がある。

(5)　石綿等を取り扱う事業者が事業を廃止しようとするときは，石綿関係記録等報告書に，石綿等に係る作業の記録及び局所排気装置，除じん装置等の定期自主検査の記録を添えて所轄労働基準監督署長に提出しなければならない。

解答・解説

問題1　**解答　(5)**

「石綿関係記録報告書」の添付書類に「局所排気装置，除じん装置の定期自主検査の記録」は不要です。

8 じん肺法

じん肺に関する疾病はかなり進行してから症状が現れます。自覚症状に乏しいので注意が必要です。そのため健康診断の結果の保存期限も長いです。

猫でもわかる重要ポイント

・粉じんを長期にわたり吸入することによって肺に生じた繊維増殖性変化を主体とする疾病

・自覚症状に乏しく，かなり進行してから労働能力が低下してくる。

・じん肺健康診断の結果に基づき，管理1から管理4まで区分して健康管理を行う。

じん肺管理区分	措置方法
管理区分 1	所見なし
管理区分 2	粉じんにさらされる程度を低減させるための措置
管理区分 3	作業の転換，作業転換のための教育訓練など
管理区分 4　2～3で合併症を罹患している場合	療養に専念する

・じん肺の所見があると診断された労働者について，結果証明書を都道府県労働局長に提出する

・管理区分の決定通知書は3年間保存，じん肺健康診断とエックス線写真は7年間保存する

・管理区分は地方じん肺診査医の診断により都道府県労働局長が決定し，事業者に通知され，該当者に通知される

1　労働基準法（有害業務に係るもの）

1日2時間をこえて労働時間を延長することができない業務は必須問題です。また女性の就業制限業務もしっかりとおさえておきましょう！

猫でもわかる重要ポイント

1　労働時間の延長制限業務

1日2時間をこえて労働時間を延長することができない業務は以下のとおりです。

①多量の高熱物体を取り扱う業務および著しく暑熱な場所における業務
②多量の低温物体を取り扱う業務および著しく寒冷な場所における業務
③ラジウム放射線，エックス線その他有害放射線にさらされる業務
④土石，獣毛等のじんあい又は粉末を著しく飛散する場所における業務
⑤異常気圧下における業務
⑥削岩機，鋲打機等の使用によって身体に著しい振動を与える業務
⑦重量物の取り扱いなどの重激なる業務
⑧ボイラー製造等強烈な騒音を発する場所における業務
⑨鉛，水銀，クロム，ヒ素，黄りん，フッ素，塩素，塩酸，硝酸，亜硫酸，硫酸，一酸化炭素，二硫化炭素，青酸，ベンゼン，アニリン，その他これに準ずる有害物の粉じん，蒸気又はガスを発散する場所における業務
⑩坑内労働
⑪その他厚生労働大臣の指定する業務

覚え方　労働時間の延長制限業務

延長なし！体に感じる
身体に感じる業務①②⑤⑥⑦⑧
夕日の空（ゆう　ひの　そら）
有害③⑨　飛散④　その他

2 すべての女性が就業不可な業務

・鉛・クロム・水銀・砒素・フッ素・塩素・黄リン等の有害物のガス，蒸気，粉じんを発散する場所における業務
・重量物：継続 20 kg 以上，断続 30 kg 以上

年齢	断続作業	継続作業
16 歳未満	12 kg 以上	8 kg 以上
16 歳以上 18 歳未満	25 kg 以上	15 kg 以上
18 歳以上	30 kg 以上	20 kg 以上

3 年少者および女性

≪年少者（18 歳未満）及び女性の就業禁止業務≫

業務内容	重量物	有毒ガス	振動	異常気圧	高熱暑熱	低温寒冷	強烈騒音	土石獣毛
年少者（18 歳未満）	×	×	×	×	×	×	×	×
妊娠中	×	×	×	×	×	×	×	×
産後一年を経過しない女性（産婦）	×	×	×	△	△	△	×	×

×　⇒　就業させてはならない
△　⇒　本人からの請求があれば就業させてはならない

・「病原体によって著しく汚染のおそれのある業務」は女性労働者に対しての規制は定められていない
・「超音波にさらされる業務」は年少者に対しての規制は定められていない

本試験によく出る重要問題

問題1　労働基準法に基づき，満18歳に満たない者を就かせてはならない業務に該当しないものは次のうちどれか。

(1)　さく岩機，鋲（びょう）打機等身体に著しい振動を与える機械器具を用いて行う業務
(2)　10 kgの重量物を断続的に取り扱う業務
(3)　多量の高熱物体を取り扱う業務
(4)　著しく寒冷な場所における業務
(5)　強烈な騒音を発する場所における業務

問題2　労働基準法に基づく時間外労働に関する協定を締結し，これを所轄労働基準監督署長に届け出る場合においても，労働時間の延長が1日2時間を超えてはならない業務は次のうちどれか。

(1)　給湿を行う紡績又は織布の業務
(2)　著しく寒冷な場所における業務
(3)　大部分の労働時間が立作業である業務
(4)　病原体によって汚染された物を取り扱う業務
(5)　VDT作業における受注，予約等の拘束型の業務

問題3　次のAからDの業務について，労働基準法に基づく時間外労働に関する協定を締結し，これを所轄労働基準監督署長に届け出る場合においても，労働時間の延長が1日2時間を超えてはならないものの組合せは(1)～(5)のうちどれか。

A　多量の低温物体を取り扱う業務
B　鉛，水銀，一酸化炭素，その他これらに準ずる有害物の粉じん，蒸気又はガスを発散する場所における業務
C　病原体によって汚染された物を取り扱う業務
D　VDT作業における受注，予約等の拘束型の業務

(1)　A，B
(2)　A，C
(3)　B，C
(4)　B，D
(5)　C，D

問題 4　**女性については，労働基準法により下の表の左欄の年齢に応じ右欄の重量以上の重量物を取り扱う業務に就かせてはならないとされているが，同表に入れる A から C の数字の組合せとして，正しいものは(1)〜(5)のうちどれか。**

年齢	重量（単位 kg）	
	断続作業の場合	継続作業の場合
満 16 歳未満	12	A
満 16 歳以上 満 18 歳未満	B	15
満 18 歳以上	C	20

	A	B	C
(1)	8	20	25
(2)	8	25	30
(3)	10	20	25
(4)	10	20	30
(5)	10	22	30

解答・解説

問題 1　解答　(2)

問題 2　解答　(2)

問題 3　解答　(1)

A　多量の低温物体を取り扱う業務

B　鉛，水銀，一酸化炭素，その他これらに準ずる有害物の粉じん，蒸気又はガスを発散する場所における業務が労働時間の延長を 1 日 2 時間を超えてはいけない業務である。

問題 4　解答　(2)

労働基準法 64 条の 2　一般女性の就業制限に「重量物取扱業務の就業制限」に規程。

第5編

労働衛生
（有害業務にかかるもの）

受験生が特に苦労するのが，複雑な化学物質名です。受験生のほとんどの方が普段取り扱っていない化学物質名が多くでてきます。例えば，「ノルマルヘキサン」，「N,N－ジメチルホルムアミド」，「ベンジジン」など。この箇所もいくつかユーモアに富んだ語呂合わせを用意しています。一度で覚えられない場合は，隙間時間に繰り返し学習するなどして頭に入れてください。

1 有害化学物質の存在様式

硫酸ジメチルはミストと蒸気の２つの存在様式があります。このことからよく出題されています。

猫でもわかる重要ポイント

1 状態・分類

物質
- 固体
  - 粉じん（ダスト）
  - ヒューム（より細かい）
- 液体 ……ミスト（空気中に浮遊）
- 気体
  - ガス……常温で気体
  - 蒸気……蒸発で気体

2 物質例と分類

これ重要！

分類		有害物質の例
固体	ダスト（粉じん）	石綿，無水クロム酸，二酸化マンガン，ジクロルベンジジン，アクリルアミド，
	ヒューム	酸化亜鉛，酸化カドミウム，酸化ベリリウム
液体	ミスト	クロム酸ミスト，塩酸ミスト，硫酸ミスト，硝酸ミスト，硫酸ジメチルミスト
気体	ガス	塩素，一酸化炭素，ホスゲン，硫化水素，アンモニア，ホルムアルデヒド，塩化ビニル，臭化メチル，塩化水素，二酸化硫黄，シアン化水素
	蒸気	水銀，アセトン，ニッケルカルボニル，塩素化ビフェニル，硫酸ジメチル，アルキル水銀，フェノール，二硫化炭素，トリクロルエチレン

覚え方　有害物質の種類

○○酸はミストが多い，
酸化○○はヒューム

本試験によく出る重要問題

問題1　次の化学物質が，常温・常圧（25℃，1気圧）の空気中に発散した場合に，蒸気として存在するものはどれか。

ただし，蒸気とは，常温・常圧で液体又は固体の物質が蒸気圧に応じて揮発又は昇華して気体となっているものをいうものとする。

(1)　オルト-トリジン

(2)　アンモニア

(3)　二酸化硫黄

(4)　アセトン

(5)　ジクロロベンジジン

問題2　**化学物質とその常温・常圧（25℃，1気圧）の空気中における状態との組合せとして，誤っているものは次のうちどれか。**

ただし，「ガス」とは，常温・常圧で気体のものをいい，「蒸気」とは，常温・常圧で液体又は固体の物質が蒸気圧に応じて揮発又は昇華して気体となっているものをいう。

(1)　ホルムアルデヒド…………ガス
(2)　塩素…………………………ガス
(3)　二硫化炭素…………………蒸気
(4)　二酸化硫黄…………………蒸気
(5)　水銀…………………………蒸気

問題3　**有害物質とその常温，常圧（25℃，1気圧）での空気中における状態との組合せとして，誤っているものは次のうちどれか。ただし，ガスとは，常温，常圧で気体のものをいい，蒸気とは，常温，常圧で液体又は固体の物質が蒸気圧に応じて揮発又は昇華して気体となっているものをいうものとする。**

(1)　塩素…………………………ガス
(2)　アセトン……………………蒸気
(3)　硫酸ジメチル………………蒸気
(4)　ニッケルカルボニル………粉じん
(5)　ジクロルベンジジン………粉じん

解答・解説

問題1　**解答**　(4)

(1)常温，常圧では「粉じん」
(2)常温，常圧では「ガス」
(3)常温，常圧では「ガス」
(5)常温，常圧では「粉じん」

問題2　**解答**　(4)

二酸化硫黄は常温・常圧の空気中の状態は「ガス」です。

問題3　**解答**　(4)

ニッケルカルボニルは常温，常圧での状態は「蒸気」です。

2 職業性疾病

疾病名および原因物質と症状・特徴はしっかりとおさえておきましょう！

猫でもわかる重要ポイント

1 じん肺

粉じんを（炭素を含む）吸入することによって，肺に線維増殖性変化が起きる疾患です。肺結核，原発性肺がん，続発性気管支炎等を合併することがあり，一度発症すると症状が戻ることはありません（不可逆性）。

じん肺の種類

じん肺の種類	原因物質	特徴
けい肺	遊離けい酸	金属鉱業，石材加工業，ガラス工業
石綿肺	石綿（アスベスト）	胸膜中皮腫や肺ガンになりやすい
アルミニウム肺	金属粉じん	けい肺などよりも進行が早い
溶接工肺	溶接に際して発生する酸化鉄ヒュームのばく露によって発症	

2 職業がん

ある業務に従事することによって発症するがんをいい，潜伏期間が一般のがんに比べて長いです。

じん肺の種類

病名	原因物質
職業性肺がん	石綿，コールタール，クロム酸，三酸化ヒ素，ベンゾトリクロリド
職業性皮膚がん	コールタール，放射線，ヒ素
職業性膀胱がん	ベンジジン，ベーターナフチルアミン
職業性白血病	ベンゼン，電離放射線

本試験によく出る重要問題

問題1　粉じん（ヒュームを含む）による健康障害に関する次の記述のうち，誤っているものはどれか。

⑴　じん肺は，粉じんを吸入することによって肺に生じた線維増殖性変化を主体とする疾病である。

⑵　鉱物性粉じんに含まれる遊離けい酸（SiO_2）は，石灰化を伴う胸膜肥厚や胸膜中皮腫を生じさせるという特徴がある。

⑶　じん肺は，肺結核のほか，続発性気管支炎，続発性気胸，原発性肺がんなどを合併することがある。

⑷　溶接工肺は，溶接に際して発生する酸化鉄ヒュームのばく露によって発症するじん肺である。

⑸　炭素を含む粉じんもじん肺を起こすことがある。

問題2　粉じんによる健康障害に関する次の記述のうち，誤っているものはどれか。

⑴　じん肺は，粉じんを吸入することによって肺に生じた線維増殖性変化を主体とする疾病で，けい肺，石綿肺などがある。

⑵　じん肺は，続発性気管支炎，肺結核などを合併することがある。

⑶　けい肺は，鉄，アルミニウムなどの金属粉じんを吸入することによって発症するじん肺である。

⑷　石綿は，その粉じんを吸入することによって肺がんや胸膜中皮腫等の重篤な疾病を起こすおそれがある。

⑸　米杉，ラワンなどの木材は，その粉じんを吸入することによってぜんそくを起こすことがある。

解答・解説

問題１　**解答**　(2)

胸膜肥厚や胸膜中皮腫を生じさせるのは「石綿」です。

問題２　**解答**　(3)

けい肺は「金属粉じん」ではなく「遊離けい酸」を吸入することによって起こります。

3 有害化学物質による職業性疾病

マンガンは筋肉に関係する症状ですので，「キン肉マン」と覚えておきましょう！酢酸メチルやメタノールは「目がちる」と覚えておきましょう！

猫でもわかる重要ポイント

1 主要症例

これ重要！

原因物質	症例
鉛中毒	貧血，末梢神経障害，腹部のせん痛，伸筋麻痺
マンガン	筋肉のこわばり，震え，歩行困難などのパーキンソン病に似た症状，幻覚，錯乱
カドミウム	上気道炎，肺炎，腎障害，肺気腫，歯の黄色環
ノルマルヘキサン	末梢神経障害
クロム	鼻中隔穿孔，皮膚炎
酢酸メチル，メタノール	視神経障害（視力低下，視野狭窄）
トリクロルエチレン	肝臓障害，腎臓障害，末梢神経障害
亜鉛・銅	金属熱（金属ヒュームの吸引による）
水銀	有機水銀　→　中枢神経系　　無機水銀　→　腎臓障害
金属水銀	脳疾患，手のふるえ
シアン化水素	呼吸障害，痙攣（けいれん）
ベンゼン	白血病，造血器障害，がん，再生不良性貧血
ベンジジン	膀胱がん

二硫化炭素	精神障害
一酸化炭素	不完全燃焼で発生する。赤血球中のヘモグロビンに強く結合
N,N－ジメチルホルムアミド	頭痛，めまい，肝機能障害
砒素（ひそ）	角化症，黒皮症，末梢神経障害，鼻中隔穿孔（せんこう）
弗化水素	骨の硬化，斑状歯
二酸化硫黄	慢性気管支炎，歯牙酸蝕症
硫化水素	意識消失，呼吸麻痺
二酸化窒素	目や粘膜を刺激，呼吸困難，肺炎，閉塞性細気管支炎，肺水腫
ビス（クロロメチル）エーテル	肺がん
コールタール	皮膚がん
石綿	中皮腫，肺がん
塩素	流涙，咽頭痛，咳などの粘膜刺激症状，肺水腫

本試験によく出る重要問題

問題1　化学物質による健康障害に関する次の記述のうち，誤っているものはどれか。

(1)　硫化水素による中毒では，意識消失，呼吸麻痺（ひ）などがみられる。

(2)　ノルマルヘキサンによる健康障害では，末梢（しょう）神経障害などがみられる。

(3)　*N*，*N*－ジメチルホルムアミドによる健康障害では，頭痛，肝機能障害などがみられる。

(4)　一酸化炭素は，赤血球中のヘモグロビンに強く結合し，体内組織の酸素欠乏状態を起こす。

(5)　塩素による健康障害では，再生不良性貧血，溶血などがみられる。

問題2　金属による中毒に関する次の記述のうち，正しいものはどれか。

(1)　鉛中毒では，貧血，伸筋麻痺（ひ），腹部の疝（せん）痛などの症状がみられる。

(2)　ベリリウム中毒では，溶血性貧血，尿の赤色化などの症状がみられる。

(3)　マンガン中毒では，指の骨の溶解，皮膚の硬化などの症状がみられる。

(4)　クロム中毒では，低分子蛋白尿，歯への黄色の色素沈着，視野狭窄などの症状がみられる。

(5)　金属水銀中毒では，肺炎，肺気腫などの症状がみられる。

問題３　化学物質による健康障害に関する次の記述のうち，誤っているものはどれか。

(1)　一酸化炭素による中毒では，ヘモグロビン合成の障害による貧血，溶血などがみられる。
(2)　シアン化水素による中毒では，細胞内での酸素利用の障害による呼吸困難，痙(けい)攣(れん)などがみられる。
(3)　硫化水素による中毒では，意識消失，呼吸麻痺(ひ)などがみられる。
(4)　二酸化硫黄による慢性中毒では，慢性気管支炎，歯牙酸蝕(しょく)症などがみられる。
(5)　弗(ふっ)化水素による慢性中毒では，骨の硬化，斑状歯などがみられる。

問題４　一酸化炭素に関する次の記述のうち，誤っているものはどれか

(1)　一酸化炭素は，無色・無臭の気体であるため，吸入しても気が付かないことが多い。
(2)　一酸化炭素は，エンジンの排気ガス，たばこの煙などに含まれる。
(3)　一酸化炭素中毒は，血液中のグロブリンと一酸化炭素が強く結合し，体内の各組織が酸素欠乏状態を起こすことにより発生する。
(4)　一酸化炭素中毒では，息切れ，頭痛などから始まり，虚脱や意識混濁がみられ，濃度や吸入時間によっては死亡に至る。
(5)　一酸化炭素中毒の後遺症として，健忘やパーキンソン症状がみられることがある。

問題５　金属などによる健康被害に関する次の記述のうち，誤っているものはどれか。

(1)　金属水銀中毒では，感情不安定，幻覚などの精神障害や手指の震えなどの症状・障害がみられる。
(2)　鉛中毒では，骨の硬化，斑状歯などの症状・障害がみられる。
(3)　マンガン中毒では，筋のこわばり，震え，歩行困難などのパーキンソン病に似た症状・障害がみられる。
(4)　カドミウム中毒では，上気道炎，肺炎，腎障害などの症状・障害がみられる。
(5)　砒(ひ)素中毒では，角化症，黒皮症などの皮膚障害，末梢(しょう)神経障害などがみられる。

問題６　化学物質による健康障害に関する次の記述のうち，誤っているものはどれか。

(1)　酢酸メチルによる健康障害では，視力低下，視野狭窄(さく)などがみられる。
(2)　ノルマルヘキサンによる健康障害では，頭痛，めまい，多発性神経炎などがみられる。

(3)　N, N－ジメチルホルムアミドによる健康障害では，頭痛，めまい，肝機能障害などがみられる。

(4)　弗(ふっ)化水素による健康障害では，貧血，溶血，メトヘモグロビン形成によるチアノーゼなどがみられる。

(5)　ベンゼンによる健康障害では，再生不良性貧血，白血病などがみられる。

問題７　**化学物質と，それにより発症するおそれのある主たるがんとの組合せとして，正しいものは次のうちどれか。**

(1)　ベンゼン……………………………………白血病

(2)　ベンジジン…………………………………胃がん

(3)　ビス（クロロメチル）エーテル………膀胱(ぼうこう)がん

(4)　コールタール………………………………肝血管肉腫

(5)　石綿……………………………………………皮膚がん

解答・解説

問題１　解答　(5)

塩素による健康障害では咽頭痛，肺水腫がみられます。

問題２　解答　(1)

(2)ベリリウム中毒ではアレルギー皮膚炎，激しい肺炎などの症状がみられる

(3)マンガン中毒では筋肉のこわばり，ふるえなどの症状がみられる

(4)クロム中毒では鼻中隔穿孔，皮膚炎などの症状がみられる

(5)金属水銀中毒では脳疾患，手のふるえ，精神症状（感情不安定等）などの症状がみられる

問題３　解答　(1)

一酸化炭素中毒では，息切れ，頭痛から始まり，虚脱や意識混濁が見られます。

問題４　解答　(3)

一酸化炭素中毒は血液中の「ヘモグロビン」と一酸化炭素の結合により起こります。

問題５　解答　(2)

鉛中毒では「貧血，末梢神経障害，腹部の疝痛」等の症状がみられます

問題６　解答　(4)

(4)弗化水素による中毒では鼻，のど，気管支などの粘膜が刺激され，侵され，肺水腫を起こし，呼吸困難，呼吸停止が起きます。

問題７　解答　(1)

(2)ベンジジン　…　膀胱がん

(3)ビス（クロロメチル）エーテル　…　肺がん

(4)コールタール　…　皮膚がん

(5)石綿　…　肺がん

2 窒息性ガス

・単純性窒息 ⇒ ガス自体に有害性は，ほぼない。CO_2，窒素
・化学的窒息 ⇒ ガス自体に有害性あり。

一酸化炭素 ヘモグロビンと結びつき酸欠状態になる
硫化水素 低濃度→粘膜の刺激 高濃度→呼吸麻痺
シアン化水素（青酸ガス） 皮膚からも吸収され，呼吸困難や痙攣
塩素ガス 次亜塩素酸塩と酸性の物質の混合により発生
肺炎，気管支痙攣，肺水腫

本試験によく出る重要問題

問題1 **有害化学物質に関する次の文中の［　］内に入れるA及びBの語句の組合せとして，正しいものは(1)～(5)のうちどれか。**

「消毒や漂白などに用いられる次亜塩素酸塩溶液と，洗浄や水処理などに用いらる［A］溶液が混触すると，人体に有害な［B］ガスが発生し，中毒を起こすことがある。」

	A	B
(1)	アルカリ性	塩化ビニル
(2)	酸性	塩素
(3)	アルカリ性	塩化水素
(4)	酸性	塩化ビニル
(5)	アルカリ性	塩素

問題2 **化学物質による健康障害に関する次の記述のうち，正しいものはどれか。**

(1) 塩素による中毒では，再生不良性貧血や溶血などの造血機能の障害がみられる。
(2) シアン化水素による中毒では，細胞内の酸素の利用の障害による呼吸困難や痙攣（けいれん）などがみられる。
(3) 弗（ふっ）化水素による中毒では，脳神経細胞が侵され，幻覚，錯乱等の精神障害などがみられる。
(4) 一酸化炭素による中毒では，ヘモグロビン合成の障害による貧血や溶血などが

みられる。
(5)　二酸化窒素による慢性中毒では，骨の硬化や斑状歯などがみられる。

問題 3　化学物質による健康障害に関する次の記述のうち，誤っているものはどれか。

(1)　一酸化炭素による中毒では，ヘモグロビン合成の障害による貧血，溶血などがみられる。
(2)　シアン化水素による中毒では，細胞内での酸素利用の障害による呼吸困難，痙攣（けいれん）などがみられる。
(3)　硫化水素による中毒では，意識消失，呼吸麻痺（ひ）などがみられる。
(4)　二酸化硫黄による慢性中毒では，慢性気管支炎，歯牙酸蝕（しょく）症などがみられる。
(5)　弗（ふっ）化水素による慢性中毒では，骨の硬化，斑状歯などがみられる。

解答・解説

問題 1　**解答**　(2)

A…酸性　　B…塩素　　が正しい組み合わせです。

問題 2　**解答**　(2)

(1)塩素による中毒では，粘膜，呼吸器が刺激され，咽頭痛，咳，胸苦しさを訴え，肺水腫に至ることもあります。
(2)正しい
(3)弗化水素による中毒では骨の硬化，斑状歯が見られます。
(4)一酸化炭素中毒では，息切れ，頭痛から始まり，虚脱や意識混濁が見られます。
(5)二酸化窒素による慢性中毒では，慢性気管支炎，肺気腫，胃腸障害，歯牙酸蝕症などの症状が見られます。

問題 3　**解答**　(1)

一酸化炭素中毒では，息切れ，頭痛から始まり，虚脱や意識混濁が見られます。

3　有機溶剤による疾病

≪有機溶剤の性質≫

- 揮発性　⇒　揮発しやすく蒸気は空気より重い
- 刺激性　⇒　粘膜・皮膚への刺激作用がある
- 脂溶性　⇒　脂肪の多い，脳や肝臓に入りやすい
- 吸収性　⇒　皮膚や呼吸器から吸収される
- 中枢神経系の麻酔作用がある

第5編　労働衛生（有害業務にかかるもの）

・神経系，肝臓，腎臓，造血器などにも障害を与える。
・高濃度ばく露による急性中毒では中枢神経系抑制作用により酩酊状態となり重い場合は死に至る
・低濃度の繰り返しばく露による慢性中毒では，頭痛，めまい，記憶力減退，不眠などの不定愁訴
・皮膚又は粘膜の障害　…　皮膚の角化，結膜炎など

本試験によく出る重要問題

問題1　有機溶剤の人体に対する影響に関する次の記述のうち，誤っているものはどれか。

(1)　脂溶性であり，脂肪の多い脳などに入りやすい。
(2)　呼吸器の中毒の症状には，咳（せき），上気道の炎症などがある。
(3)　低濃度の繰り返しばく露による慢性中毒では，頭痛，めまい，記憶力減退，不眠などの不定愁訴がみられる。
(4)　皮膚及び粘膜に対する刺激による黒皮症，鼻中隔穿（せん）孔などがみられる。
(5)　肝障害や腎障害を起こすものがある。

問題2　有機溶剤に関する次の記述のうち，正しいものはどれか。

(1)　有機溶剤は，水溶性と脂溶性をともに有し，その蒸気は空気より軽い。
(2)　有機溶剤は，揮発性が高いため呼吸器から吸収されやすいが，皮膚から吸収されることはない。
(3)　キシレンのばく露の生物学的モニタリングの指標としての尿中代謝物は，馬尿酸である。
(4)　メタノールによる健康障害として顕著なものは，網膜細動脈瘤（りゅう）を伴う脳血管障害である。
(5)　低濃度の有機溶剤の繰り返しばく露では，頭痛，めまい，記憶力減退，不眠などの不定愁訴がみられる。

問題3　有機溶剤に関する次の記述のうち，誤っているものはどれか。

(1)　有機溶剤は，呼吸器から吸収されやすいが，皮膚から吸収されるものもある。

(2)　メタノールによる障害として顕著なものは，網膜細動脈瘤（りゅう）を伴う脳血管障害である。

(3)　二硫化炭素は，精神障害を起こすことがある。

(4)　有機溶剤による皮膚や粘膜の症状には，皮膚の角化，結膜炎などがある。

(5)　低濃度の有機溶剤の繰り返しばく露では，頭痛，めまい，記憶力減退，不眠などの不定愁（しゅう）訴がみられる。

解答・解説

問題1　**解答**　(4)

説問は有害物であるクロムの症例です。有機溶剤は揮発性，刺激性，脂溶性，吸収性があり，神経系，内臓系に影響を与えます。

問題2　**解答**　(5)

(1)有機溶剤の蒸気は空気より重いです。
(2)有機溶剤は，呼吸器から吸収されやすいが，皮膚から吸収されるものもあります。
(3)キシレンのばく露の生物学的モニタリングの指標としての尿中代謝物はメチル馬尿酸です。
(4)メタノールは「視覚障害」を引き起こすことで知られています。
(5)正しい

問題3　**解答**　(2)

メタノールは「視覚障害」を引き起こすことで知られています。

4　化学物質の吸収，排泄，蓄積

項目	概要
吸収	作業環境では吸入によって体内に吸収されることが多い。 有機溶剤の一部は，皮膚からも吸収される。
肝臓での解毒	体内に吸収された化学物質の多くは，肝臓などで分解，抱合など多様な化学変化を受け，代謝物となって排泄される
平衡状態	長期間の化学物質の体内吸収により，吸収量と排泄量が等しくなる状態になる。
生物学的半減期	化学物質の体内への吸収が止まり，体外へ排泄されていくとき，体内濃度が最初の1/2に減少するまでに要する時間

1 高温寒冷

高温環境下では塩分と水分補給が大切です。低温に関する問題では凍傷と凍瘡を入れ替えてよく出題されています。

猫でもわかる重要ポイント

1 高温環境下での適応が限界を超えた場合に発症する障害の総称

これ重要！

種類	症状	対処法
熱けいれん	発汗により塩分が体内から減少した際に水のみをとると発症する 筋肉がけいれんするが体温の上昇はない	涼しい場所で食塩水を飲ませる
熱疲労	発汗状態が続くことにより，大量に水分と塩分が失われて発症する 40 度以下の体温の上昇が見られる場合がある	頭を低くして寝かせる 水分と塩分をあたえる
熱虚脱 （熱失神）	熱を体内から逃がすために血管が膨張し血流が低下し，脳内への血流量が減少することにより生じる めまい，失神，顔面蒼白	頭を低くして寝かせる，水を飲ませる
熱射病	高温環境下で体温中枢機能に変調がおきる。前駆症状として顔面紅潮，呼吸促進，脈拍頻数になる 意識障害，体温上昇（40 度以上）	冷水につけ，水をあたえる

2 低温障害

これ重要！

凍　傷…0 ℃以下の寒冷による組織の凍結壊死
凍　瘡…しもやけのこと。0℃以上の寒冷と湿気による
低体温症…体内温度が 35 度以下に冷やされると，意識消失，筋硬直

2 有害光線（非電離放射線）

波長が短いほうが，一般的には有害光線です。それぞれの特徴をおさえておきましょう！

猫でもわかる重要ポイント

1 有害光線の特徴

これ重要！

有害光線	障害・特徴等
レーザー光線	光の増幅により人工的に作られた電磁波（単一波長光線） 強い指向性・集光性がある。 網膜損傷 （高密度のエネルギーを発生させ金属加工等に使用される）
紫外線	可視光線より波長の短い電磁波　電光性眼炎，皮膚ガン
赤外線（熱線）	可視光線より波長の長い電磁波　白内障
マイクロ波	赤外線より波長が長い　照射部位の組織を加熱　白内障

3 電離放射線（電離作用がある放射線）

確率的影響と確定的影響の違いをよくおさえておきましょう！

猫でもわかる重要ポイント

1 電離放射線の種類

電離放射線	特徴等
エックス線（X線）	エックス線装置を用いて発生させる人工の電離放射線
ガンマ線（γ線）	コバルト60，イリジウム192などの放射性同位元素から放射される電磁波

2 被ばく

電離放射線に人体がさらされることです。

①外部被ばく…エックス線装置など放射線源から放射される放射線による被ばく

②内部被ばく…体内に取り込まれた放射線同位元素から放射される放射線に被ばく

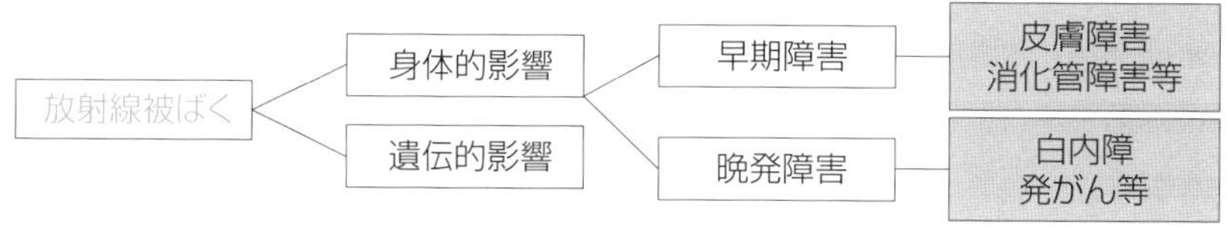

3 放射線被ばくによる生体への影響

①確率的影響　…　発がんなどの影響が確率的に起こること。障害の程度は

線量に関係ない

②確定的影響　…　「しきい値」と呼ばれる線量を超えると障害が発生すること。線量により重症化

本試験によく出る重要問題

問題1　作業環境における有害要因による健康障害に関する次の記述のうち，正しいものはどれか。

(1) マイクロ波は，赤外線より波長が短い電磁波で，照射部位の組織を加熱する作用がある。

(2) 熱痙攣（けいれん）は，高温環境下での労働において，皮膚の血管に血液がたまり，脳への血液の流れが少なくなることにより発生し，めまい，失神などの症状がみられる。

(3) 全身振動障害では，レイノー現象などの末梢（しょう）循環障害や手指のしびれ感などの末梢神経障害がみられ，局所振動障害では，関節痛などの筋骨格系障害がみられる。

(4) 凍瘡（そう）は，皮膚組織の凍結壊（え）死を伴うしもやけのことで，0℃以下の寒冷にばく露することによって発生する。

(5) 金属熱は，金属の溶融作業などで亜鉛，銅などのヒュームを吸入したときに発生し，悪寒，発熱，関節痛などの症状がみられる。

問題2　作業環境における有害因子による健康障害に関する次の記述のうち，正しいものはどれか。

(1) 電離放射線の被ばくによる発がんと遺伝的影響は，確率的影響に分類され，発生する確率が被ばく線量の増加に応じて増加する。

(2) 熱虚脱は，暑熱環境下で脳へ供給される血液量が増加したとき，代償的に心拍数が減少することにより生じ，発熱，徐脈，めまいなどの症状がみられる。

(3) 金属熱は，金属の溶融作業において，高温環境により体温調節中枢が麻痺（ひ）することにより発生し，長期間にわたる発熱，関節痛などの症状がみられる。

(4) 凍瘡（そう）は，皮膚組織の凍結壊（え）死を伴うしもやけのことで，0℃以下の寒冷にばく露することによって発生する。

(5) 潜水業務における減圧症は，浮上による減圧に伴い，血液中に溶け込んでいた酸素が気泡となり，血管を閉塞したり組織を圧迫することにより発生する。

問題３　作業環境における有害要因による健康障害に関する次の記述のうち，正しいものはどれか。

⑴　空気中の酸素濃度が15～16％程度の酸素欠乏症では，一般に頭痛，吐き気などの症状がみられる。
⑵　金属熱は，鉄，アルミニウムなどの金属を溶融する作業などに長時間従事した際に，高温により体温調節機能が障害を受けたことにより発生する。
⑶　潜水業務における減圧症は，浮上による減圧に伴い，血液中に溶け込んでいた酸素が気泡となり，血管を閉塞したり組織を圧迫したりすることにより発生する。
⑷　レイノー現象は，振動障害に特有の末梢（しょう）神経障害で，夏場に発生しやすい。
⑸　凍瘡（そう）は，皮膚組織の凍結壊（え）死を伴うしもやけのことで，0℃以下の寒冷にばく露することによって発生する。

問題４　電離放射線に関する次の記述のうち，誤っているものはどれか。

⑴　電離放射線の被ばくによる影響には，身体的影響と遺伝的影響がある。
⑵　電離放射線の被ばくによる身体的影響のうち，白内障は晩発障害に分類される。
⑶　電離放射線の被ばくによる発がんと遺伝的影響は，確定的影響に分類される。
⑷　電離放射線の被ばく後，数週間程度までに現れる造血器系障害は，急性障害に分類される。
⑸　造血器，生殖腺，腸粘膜，皮膚など頻繁に細胞分裂している組織・臓器は，電離放射線の影響を受けやすい。

解答・解説

問題1 解答 (5)

(1)マイクロ波は，赤外線より波長が【長い】電磁波です

(2)熱痙攣は，多量の発汗により体内の水分と塩分が失われたところへ水分だけが補給されたとき，体内の塩分濃度が低下することにより発生します。

(3)レイノー現象等の末梢循環障害，末梢神経障害がみられるのは【局所】振動障害です

(4)凍瘡は，日常生活内での軽度の寒冷により発生するもので，凍結壊死は伴いません

問題2 解答 (1)

(2)熱虚脱は熱失神とも言われ，脳の血量が「不足」した時に起こり，脈拍は早くなるが体温の上昇はみられません

(3)金属熱は金属ヒュームを吸入することにより発熱する疾病です

(4)凍瘡は，日常生活内での軽度の寒冷により発生するもので，凍結壊死は伴いません

(5)減圧症は酸素だけではなく「窒素」が気泡化することによって起こります

問題3 解答 (1)

(2)金属熱は金属ヒュームを吸入することにより発熱する疾病です。

(3)減圧症は酸素だけではなく窒素が気泡化することによって起こります。

(4)凍瘡は，日常生活内での軽度の寒冷により発生するもので，凍結壊死は伴いません。

(5)レイノー現象は冬季に発生しやすいです。

問題4 解答 (3)

電離放射線の被ばくによる発がんと遺伝的影響は，確率的影響に分類され，発生する確率が被ばく線量の増加に応じて増加します。

4 騒音

等価騒音レベルについては，詳細について問われています。C5ディップも頻出です。

猫でもわかる重要ポイント

1 音の単位

・音の高さ（Hz） ⇒ 大きい数字ほど高い音（通常の会話 500～2000 Hz）
・音の大きさ（dB）⇒ 大きいほど騒音（90 dB で目の前の人との会話が困難）

2 騒音性難聴

・90 dB 以上の騒音を長時間聴いていると内耳（蝸牛）障害がおこる（聴覚器官の有毛細胞の変性）
・通常の会話より高い音域（4,000 Hz を中心とした高音域）から聞こえなくなることが多いため，初期には気付かず治りにくい（耳鳴りを伴う）

3 その他

・C^5dip
騒音性難聴の 4000 Hz 付近を中心とする初期の特徴的な聴力低下の型をいう
・等価騒音レベル
時間的に変動する騒音レベルを一定時間（1日や数時間）の平均値を表す量
変動する騒音に対する人間の生理・心理的反応とよく対応している（測定点は5以上とする）
・騒音レベルの測定
騒音計の周波数補正回路の A 特性で行い，その大きさは dB（A）で表示す

る

・騒音とストレス

騒音がストレス反応（精神的疲労，自律神経系や内分泌系への影響）を引き起こすこともある。

⇒　交感神経の活動の亢進（こうしん）や副腎皮質ホルモンの分泌が増加する

本試験によく出る重要問題

問題1　作業環境における騒音及びそれによる健康障害に関する次の記述のうち，誤っているものはどれか。

(1)　音圧レベルは，通常，その音圧と人間が聴くことができる最も小さな音圧（20 μPa）との比の常用対数を20倍して求められ，その単位はデシベル（dB）で表される。

(2)　等価騒音レベルは，単位時間（1分間）における音圧レベルを10秒間ごとに平均化した幾何平均値で，変動する騒音レベルの平均値として表した値である。

(3)　騒音性難聴は，音を神経に伝達する内耳の聴覚器官の有毛細胞の変性によって起こる。

(4)　騒音性難聴の初期に認められる4,000 Hz付近を中心とする聴力低下の型をc^5 dipという。

(5)　騒音により，精神的疲労が生じたり，自律神経系や内分泌系が影響されることがある。

問題2　作業環境における騒音及びそれによる健康障害に関する次の記述のうち，正しいものはどれか。

(1)　人が聴くことのできる音の周波数は10 Hzから30,000 Hz程度までで，会話音域は2,000 Hzから4,000 Hz程度までである。

(2)　騒音性難聴では，通常の会話音より低い音から聞こえにくくなる。

(3)　騒音性難聴は，音を神経に伝達する内耳の蝸（か）牛の中の有毛細胞が変性することにより起こる。

(4)　等価騒音レベルは，中心周波数500 Hz，1,000 Hz，2,000 Hz及び4,000 Hzの各オクターブバンドの騒音レベルの平均値で，変動する騒音に対する人間の生理・心理的反応とよく対応する。

(5)　騒音は，自律神経系や内分泌系へも影響を与えるため，騒音ばく露により，ストレス反応である副腎皮質ホルモンの分泌の減少が認められる。

問題3　**作業環境における騒音及びそれによる健康被害に関する次の記述のうち，誤っているものはどれか。**

(1)　騒音性難聴は，初期には気付かないことが多く，また，治りにくいという特徴がある。
(2)　騒音性難聴は，内耳にある聴覚器官の有毛細胞の変性によって起こる。
(3)　騒音下では，精神的疲労が生じたり，自律神経系や内分泌系にも影響を与えることがある。
(4)　騒音性難聴は，通常，会話域である500 Hzから2,000 Hzの周波数帯で著しい聴力低下を示し，この聴力低下の型をc^5dipという。
(5)　等価騒音レベルは，時間的に変動する騒音レベルのエネルギー的な平均値を表す量で，変動する騒音に対する人間の生理・心理的反応とよく対応している。

問題4　**作業環境における騒音及びそれによる健康障害に関する次の記述のうち，誤っているものはどれか。**

(1)　騒音レベルの測定は，通常，騒音計の周波数補正回路のA特性で行い，その大きさはdB（A）で表示する。
(2)　騒音性難聴は，内耳にある聴覚器官の有毛細胞の変性によって起こる。
(3)　騒音は，自律神経系や内分泌系へも影響を与え，交感神経の活動の亢(こう)進や副腎皮質ホルモンの分泌の増加が認められることがある。
(4)　騒音性難聴では，通常，会話音域より高い音域から聴力低下が始まる。
(5)　等価騒音レベルは，変動する騒音のある時間範囲について，250，500，1000，2000，4000及び8000 Hzの音圧レベルの平均値として表した量である。

解答・解説

問題1　**解答**　(2)

等価騒音レベルは，時間的に変動する騒音レベルのエネルギー的な平均値を表す量で，比較的長い期間（数時間，1日等）の騒音の大きさを表すのに用いられます

問題2　**解答**　(3)

(1)人が聴くことのできる音の周波数は20 Hzから20,000 Hz程度までで，会話音域は500 Hzから2,000 Hzである

(2)騒音性難聴では，通常の会話音より「高い」音から聞こえなくなります

(4)等価騒音レベルは，「時間的に変動する騒音レベルのエネルギー的な平均値」で，変動する騒音に対する人間の生理・心理的反応とよく対応します

(5)騒音ばく露により，ストレス反応である副腎皮質ホルモンの分泌の「増加」が認められます

問題3　**解答**　(4)

騒音によって生じる聴力低下は4,000 Hzを中心としておこります。

問題4　**解答**　(5)

等価騒音レベルは「音圧レベル」の平均値ではなく「騒音レベル」の平均値です。

5 振動

レイノー現象が冬季に発生しやすいということをおさえておきましょう！

猫でもわかる重要ポイント

1 振動による疾病

①局所振動障害

・レイノー現象（白指発作）…振動工具の長時間の使用により血行不良になり，指などが蒼白になる現象

　→ 冬季に発生しやすい

②全身振動障害

・筋骨格系障害（腰痛，関節痛など）

6 異常気圧

スクィーズ，ベンズ，チョークスの意味を入れ替えて出題されます。混乱しないようにしっかりとおさえておきましょう！

猫でもわかる重要ポイント

1 高気圧障害…高圧環境での作業時に窒素酔い，炭素ガス中毒，酸素ガス中毒など。

状態	障害症例
潜降時	加圧による締め付け病（スクィーズ），窒素酔い，酸素中毒，二酸化炭素中毒
潜水中	窒素酔い，肺の破裂，肺過膨張
浮上時 浮上後	減圧症（浮上後にも発症）⇒ベンズ（関節痛），チョークス（胸内苦悶），掻痒感（かゆみ），潜水病，潜函病等　「窒素」（×酸素）が血管を閉塞

本試験によく出る重要問題

問題1　作業環境における有害因子による健康障害に関する次の記述のうち，正しいものはどれか。

(1)　電離放射線の被ばくによる発がんと遺伝的影響は，確率的影響に分類され，発生する確率が被ばく線量の増加に応じて増加する。

(2)　熱虚脱は，暑熱環境下で脳へ供給される血液量が増加したとき，代償的に心拍数が減少することにより生じ，発熱，徐脈，めまいなどの症状がみられる。

(3)　金属熱は，金属の溶融作業において，高温環境により体温調節中枢が麻痺することにより発生し，長期間にわたる発熱，関節痛などの症状がみられる。

(4)　凍瘡（そう）は，皮膚組織の凍結壊（え）死を伴うしもやけのことで，0℃以下の寒冷にばく露することによって発生する。

(5)　潜水業務における減圧症は，浮上による減圧に伴い，血液中に溶け込んでいた酸素が気泡となり，血管を閉塞したり組織を圧迫することにより発生する。

問題２　作業環境における有害因子による健康障害に関する次の記述のうち，正しいものはどれか。

(1)　電離放射線による中枢神経系障害は，確率的影響に分類され，被ばく線量がしきい値を超えると発生率及び重症度が線量に対応して増加する。

(2)　熱痙攣（けいれん）は，多量の発汗により体内の水分と塩分が失われたところへ水分だけが補給されたとき，体内の塩分濃度が低下することにより発生する。

(3)　金属熱は，金属の溶融作業において，高温環境により体温調節中枢が麻痺（ひ）することにより発生し，長期間にわたる発熱，関節痛などの症状がみられる。

(4)　凍瘡（そう）は，皮膚組織の凍結壊（え）死を伴うしもやけのことで，０℃以下の寒冷にばく露することによって発生する。

(5)　潜水業務における減圧症は，浮上による減圧に伴い，血液中に溶け込んでいた酸素が気泡となり，血管を閉塞したり組織を圧迫することにより発生する。

解答・解説

問題１　解答　(1)

(1)正しい

(2)熱虚脱は熱失神ともいわれ，脳の血量が不足した時に起こり，脈拍は速くなるが体温の上昇はみられません。

(3)金属熱は金属ヒュームを吸入することにより発熱する疾病です。

(4)凍瘡は，日常生活内での軽度の寒冷により発生するもので，凍結壊死は伴いません。

(5)減圧症は酸素だけではなく窒素が気泡化することによって起こります。

問題２　解答　(2)

(1)被ばく線量のしきい値を超えると発生，増加するのは「確定的影響」であり，しきい値に関係なく線量によって発生，増加するのが「確率的影響」です。

(3)金属熱は金属のヒュームを吸引することにより発熱する疾病です。

(4)凍瘡は日常生活内の軽度の寒冷により発生するもので凍結壊死は伴いません。

(5)減圧症は酸素ではなく窒素が気泡化することによって起こります。

1 化学物質のリスクアセスメント

リスクアセスメントとは，事業場にある危険性や有害性の特定，リスクの見積り，優先度の設定，リスク低減措置の決定の一連の手順をいいます。

猫でもわかる重要ポイント

対策

作業環境測定 → 作業環境評価 → 作業環境改善

化学物質のリスクアセスメント（化学物質等による危険性または有毒性等の調査等に関する指針）

- 一定の危険性・有害性が確認されている化学物質について危険性又は有害性等の調査（リスクアセスメント）が事業者に義務付けられている（対象となるのはSDS（安全データーシート）の交付が義務付けられている物質）
- 「リスク」は，労働災害発生の可能性と負傷又は疾病の重大性（重篤度）の組合せであると定義される。

1 基本的手順

①化学物質等による危険性又は有害性（ハザード）の特定

②特定された危険性又は有害性（ハザード）によるリスクの見積り

③リスクの見積りに基づくリスク低減措置の内容の検討

④リスク低減措置の実施

⑤リスクアセスメント結果の労働者への周知

①②③が「リスクアセスメント」であり，①②③⑤は実施義務あり（④のみ努力義務）

2 リスク低減措置の検討及び実施

A 危険性又は有害性のより低い物質への代替等

B 工学的対策（防爆構造化，安全装置の二重化）
C 管理的対策
D 化学物質等の有害性に応じた有効な保護具の使用
優先順位　：　高　A　B　C　D→　低

本試験によく出る重要問題

問題 1　化学物質等による疾病のリスクの低減措置を検討する場合，次のアからエの対策について，優先度の高い順に並べたものは(1)～(5)のうちどれか。

ア　作業手順の改善，立入禁止等の管理的対策
イ　危険性又は有害性のより低い物質への代替
ウ　化学物質等に係る機械設備等の密閉化，局所排気装置の設置等の衛生工学的対策
エ　化学物質等の有害性に応じた有効な保護具の使用

(1)　アーイーウーエ
(2)　アーイーエーウ
(3)　イーアーウーエ
(4)　イーウーアーエ
(5)　エーアーイーウ

問題 2　化学物質等のリスクアセスメントに関する次の記述のうち，誤っているものはどれか。

(1)　リスクアセスメントの基本的手順のうち最初に実施するのは，労働者の就業に係る化学物質等による危険性又は有害性を特定することである。
(2)　ハザードは，労働災害発生の可能性と負傷又は疾病の重大性（重篤度）の組合せであると定義される。
(3)　化学物質等による疾病のリスク低減措置の検討では，化学物質等の有害性に応じた有効な保護具の使用よりも局所排気装置の設置等の工学的対策を優先する。
(4)　化学物質等による疾病のリスク低減措置の検討では，法令に定められた事項を除けば，危険性又は有害性のより低い物質への代替等を最優先する。
(5)　新たに化学物質等の譲渡又は提供を受ける場合には，その化学物質を譲渡し，又は提供する者から，その化学物質等のSDS（安全データシート）を入手する。

問題3　化学物質等による疾病のリスクの低減措置を検討する場合，次のアからエの対策について，優先度の高い順に並べたものは(1)～(5)のうちどれか。

ア　マニュアルの整備等の管理的対策
イ　有害性の高い化学物質等の使用の中止
ウ　化学物質等に係る機械設備等の密閉化，局所排気装置の設置等の労働衛生工学的対策
エ　個人用保護具の使用

(1)　アーイーウーエ
(2)　アーイーエーウ
(3)　イーアーエーウ
(4)　イーウーアーエ
(5)　エーアーイーウ

解答・解説

問題1　解答　(4)
問題2　解答　(2)
記載されているのは「リスク」の定義です
問題3　解答　(4)

2 作業環境測定

A 測定，B 測定，管理濃度，第一評価値，第二評価値，ばくろ限界の意味をまずはしっかりと理解しておきましょう！

猫でもわかる重要ポイント

1 測定法（A 測定，B 測定）

これ重要！

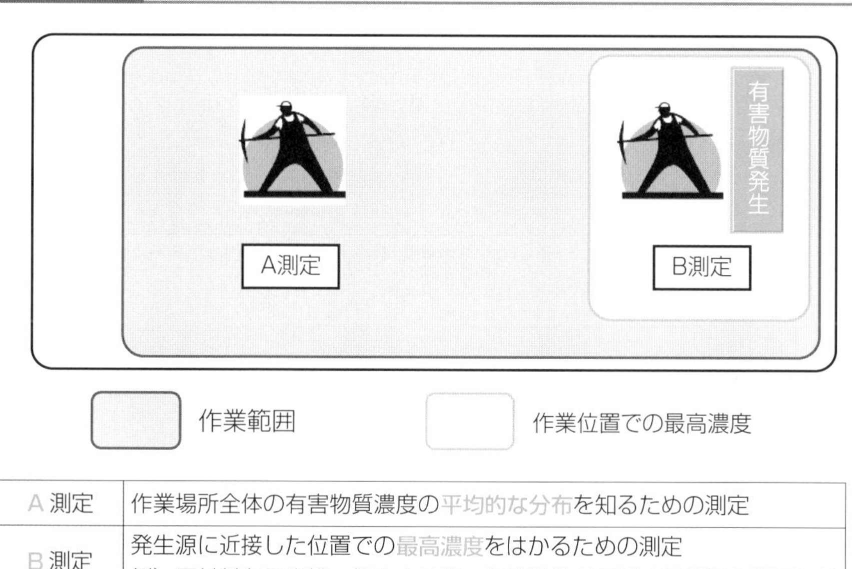

A 測定	作業場所全体の有害物質濃度の平均的な分布を知るための測定
B 測定	発生源に近接した位置での最高濃度をはかるための測定 例）原材料を反応槽へ投入する際，近接労働者のばく露状況の評価など

・B 測定は A 測定が不十分である時に行う！

覚え方　A測定とB測定の特徴

えへ！　　**ぶさいく**
A　平均　　B　最高

3 作業環境評価

作業環境中に有害因子がどの程度存在しているかを把握するための測定を作業環境測定といいます。そして作業環境測定の結果を評価して第１～第３までの管理区分が決定されます。

猫でもわかる重要ポイント

1 データの種類

データ名	表示内容
管理濃度	厚生労働省により各物質ごとに設定された濃度　管理区分を決定するための指標
第１評価値	作業場所全体のうち上位５％に相当する濃度の推定値
第２評価値	作業場所全体の平均濃度の推定値

・ばく露限界……ほとんどの労働者が毎日繰り返してばく露されても健康上有害な影響を受けないとされる限界値　（【管理濃度】は【ばく露限界】を示すものでは無い！）

2 管理区分の決定

・作業環境が最も良い場所を**第１管理区分**，悪い場所を**第３管理区分**とする。

		A測定		
		第１評価値<管理濃度	第２評価値≦管理濃度≦第１評価値	第２評価値>管理濃度
B測定	B測定値<管理濃度	第１管理区分	第２管理区分	第３管理区分
	管理濃度≦B測定値≦管理濃度×1.5	第２管理区分	第２管理区分	第３管理区分
	B測定値>管理濃度×1.5	第３管理区分	第３管理区分	第３管理区分

・第3管理区分は，有害物質の平均濃度が管理濃度を超える状態をいう
　⇒　定められた事後措置を行う必要あり
・A 測定の第2評価値が管理濃度を超える場合
・B 測定の測定値が管理濃度の 1.5 倍を超える場合
} 必ず第3管理区分になる！

本試験によく出る重要問題

問題1　厚生労働省の「作業環境測定基準」及び「作業環境評価基準」に基づく作業環境測定及びその結果の評価に関する次の記述のうち，正しいものはどれか。

(1)　評価の指標として用いられる管理濃度は，個々の労働者の有害物質へのばく露限界を示すものである。

(2)　原材料を反応槽へ投入する場合など，間欠的に有害物質の発散を伴う作業による気中有害物質の最高濃度は，A 測定の結果により評価される。

(3)　B 測定は，単位作業場所中の有害物質の発散源から遠い場所で作業が行われる場合等において，作業者の位置における有害物質の濃度を知るために行う測定である。

(4)　A 測定の第二評価値が管理濃度を超えている単位作業場所は，B 測定の結果に関係なく第三管理区分に区分される。

(5)　B 測定の測定値が管理濃度を超えている単位作業場所は，A 測定の結果に関係なく第三管理区分に区分される。

問題 2 厚生労働省の「作業環境測定基準」及び「作業環境評価基準」に基づく作業環境測定及びその結果の評価に関する次の記述のうち，誤っているものはどれか。

(1) 管理濃度は，有害物質に関する作業環境の状態を単位作業場所の作業環境測定結果から評価するための指標である。

(2) A 測定は，単位作業場所における有害物質の気中濃度の平均的な分布を知るために行う測定である。

(3) A 測定の第二評価値が管理濃度を超えている単位作業場所の管理区分は，B 測定の結果に関係なく第三管理区分となる。

(4) B 測定は，単位作業場所中の有害物質の発散源から遠い場所で作業が行われる場合等において，作業者の位置における有害物質の濃度を知るために行う測定である。

(5) B 測定の測定値が管理濃度の 1.5 倍を超えている単位作業場所の管理区分は，A 測定の結果に関係なく第三管理区分となる。

問題 3 厚生労働省の「作業環境測定基準」及び「作業環境評価基準」に基づく作業環境測定及びその結果の評価に関する次の記述のうち，正しいものはどれか。

(1) 評価の指標として用いられる管理濃度は，個々の労働者の有害物質へのばく露限界を示すものである。

(2) A 測定は，原材料を反応槽へ投入する場合など，間欠的に大量の有害物質の発散を伴う作業における最高濃度を知るために行う測定である。

(3) B 測定は，単位作業場所における気中有害物質濃度の平均的な分布を知るために行う測定である。

(4) A 測定の第二評価値及び B 測定の測定値がいずれも管理濃度に満たない単位作業場所は，第一管理区分になる。

(5) B 測定の測定値が管理濃度の 1.5 倍を超えている単位作業場所は，A 測定の結果に関係なく第三管理区分になる。

問題4　厚生労働省の「作業環境測定基準」及び「作業環境評価基準」に基づく作業環境測定及びその結果の評価に関する次の記述のうち，誤っているものはどれか。

(1)　作業環境測定を実施する場合の単位作業場所は，労働者の作業中の行動範囲，有害物の分布の状況などに基づいて設定する。

(2)　管理濃度は，有害物質に係る作業環境の状態を，単位作業場所ごとにその作業環境測定結果から評価するための指標として定められている。

(3)　原材料の反応槽への投入など間けつ的に有害物の発散を伴う作業の場合の労働者のばく露状況は，A測定の実施結果により適正に評価することができる。

(4)　B測定は，単位作業場所中の有害物質の発散源に近接する場所で作業が行われる場合において，空気中の有害物質の最高濃度を知るために行う測定である。

(5)　A測定とB測定を併せて行う場合は，A測定の測定値を用いて求めた第一評価値及び第二評価値とB測定の測定値に基づき，単位作業場所を第一管理区分から第三管理区分までのいずれかに区分する。

解答・解説

問題1　解答　(4)

(1)管理濃度は，有害物質に関する作業管理の状態を単位作業場所の作業環境測定結果から評価するための指標です

(2)A測定は，有害物質の濃度の【平均的】な分布を知るために行う測定であり，【最高濃度】を知るために行う測定はB測定です

(3)B測定は，有害物質の発散源から【近接した場所】で作業が行われる場合に行う測定です

(5)B測定の測定値が管理濃度【× 1.5】を超える場合はA測定の結果に関係なく「第三管理区分」となります

問題2　解答　(4)

B測定は，発生源から「近い」場所で有害物質の「最高濃度」を知るために行う測定です

問題3　解答　(5)

(1)管理濃度は，有害物質に関する作業管理の状態を単位作業場所の作業環境測定結果から評価するための指標です。

(2)A測定は，有害物質の濃度の「平均的」な分布を知るために行う測定です。

(3)B測定は，有害物質の「最高濃度」を知るために行う測定です。

(4)記述の単位作業場所は「第二管理区分」になります。

問題4　解答　(3)

(3)記述内容は「B」測定が必要です。

4 作業環境改善

作業環境改善の優先順位が出題されています。

猫でもわかる重要ポイント

1 手順

原料の代替物への転換
使用・製造禁止
→ 作業工程の見直し
例）粉じん作業の湿式化
→ 設備の密閉化・自動化
装置内をわずかに負圧
→ 生産工程の隔離・遠隔操作
→ 局所排気装置の設置あるいは全体換気装置
（最も現実的な対策）

5 排気

空気清浄機の設置場所や，各種排気装置の特徴が出題されています。

猫でもわかる重要ポイント

1 局所排気装置

有害物をフードから吸い込み，ダクトを通って排気ファンにより外部に排気させる装置です。有害物の種類によっては，排風機の前に，空気清浄機を設置します。

	型式・図・特徴	
囲い式	カバー型 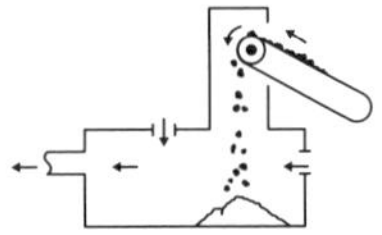	グローブボックス型 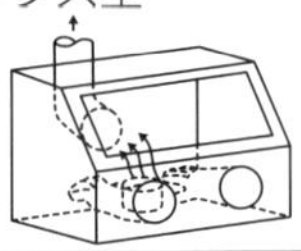
囲い式	ドラフトチェンバー型 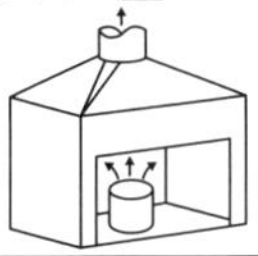	建築ブース型 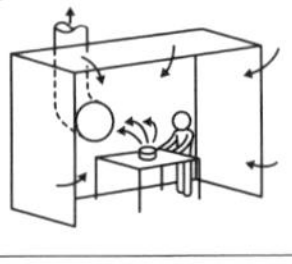
外付け式	スロット型 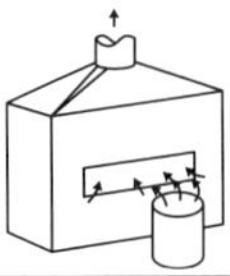	ルーバー型 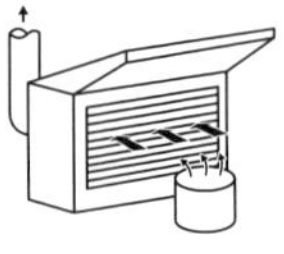
外付け式	グリッド型 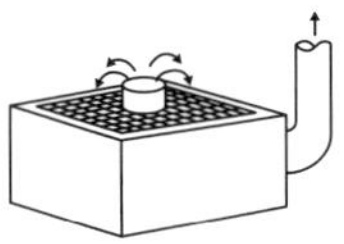	長方形型 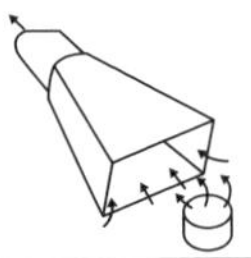

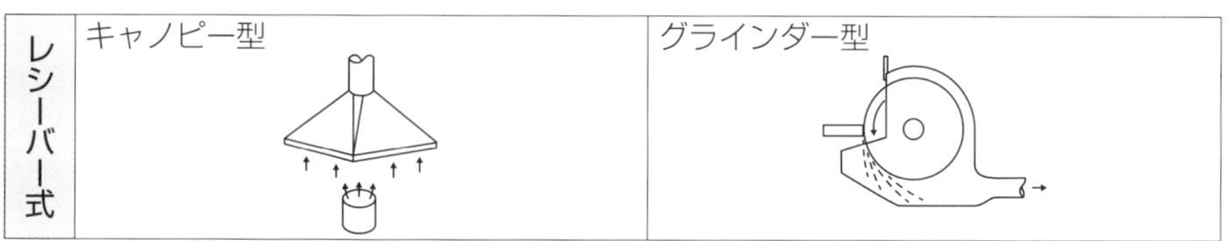

2 排気効果の高い順（左側の方がより大きい）

囲い式 ⇒⇒ 外付け式 ⇒⇒ レシーバー式

下方，側方吸引型 → 上方吸引型

カバー型 → グローブボックス型 → ドラフトチェンバー型 → 建築ブース型

3 ダクト（送管）

ダクトの断面積が小さすぎる，長すぎる，ベンド（曲部）の数が多い	圧力損失が増大する
ダクトの断面積が大きすぎる	搬送速度が不足する

4 空気清浄機

有害物の種類によっては，毒性をなくしてから外気に放出する必要があります。徐じん装置と排ガス処理装置の2種類があります。いずれも排風機（ファン）の前に設置します。

本試験によく出る重要問題

問題1 局所排気装置に関する次の記述のうち，正しいものはどれか。

(1) ダクトの形状には円形，角形などがあるが，その断面積を大きくするほど，ダクトの圧力損失が増大する。

(2) フード開口部の周囲にフランジがあると，フランジがないときに比べ，気流の整流作用が増し，大きな排風量が必要となる。

(3) スロット型フードは，作業面を除き周りが覆われているもので，囲い式フードに分類される。

(4) キャノピー型フードは，発生源からの熱による上昇気流を利用して捕捉するもので，レシーバー式フードに分類される。

(5) 空気清浄装置を付設する局所排気装置を設置する場合，排風機は，一般にフードに接続した吸引ダクトと空気清浄装置の間に設ける。

問題2 局所排気装置の基本的な構成に関する次の文中の[　　]内に入れるAからCの語句の組合せとして，正しいものは(1)～(5)のうちどれか。

「局所排気装置は，有害物の発生源の近くにフードを設けて定常的な吸引気流をつくり，有害物が拡散する前に吸引除去するものであり，空気清浄装置を付設した場合の基本的な構成は，発生源の側から順に次のとおりである。

フード → 吸引ダクト（枝ダクト → 主ダクト） → [A] → [B] → [C] → 排気口」

	A	B	C
(1)	ファン	空気清浄装置	排気ダクト
(2)	排気ダクト	空気清浄装置	ファン
(3)	排気ダクト	ファン	空気清浄装置
(4)	ファン	排気ダクト	空気清浄装置
(5)	空気清浄装置	ファン	排気ダクト

問題３　有害物質を発散する屋内作業場の作業環境改善に関する次の記述のうち，誤っているものはどれか。

(1)　粉じんを発散する作業工程では，密閉化や湿式化を局所排気装置などの設置に優先して検討する。

(2)　局所排気装置を設ける場合，ダクトが太すぎると搬送速度が不足し，細すぎると圧力損失が増大することを考慮して，ダクト径を定める。

(3)　局所排気装置に設ける空気清浄装置は，原則として，ダクトに接続された排風機を通過した後の空気が通る位置に設置する。

(4)　有害物質を取り扱う装置を構造上又は作業上の理由で完全に密閉できない場合は，装置内の圧力を外気圧よりわずかに低くする。

(5)　局所排気装置を設置する場合は，給気量が不足すると排気効果が低下するので，排気量に見合った給気経路を確保する。

解答・解説

問題１　**解答**　(4)

(1)その断面積を【小さく】するほどダクトの圧力損失が増大します

(2)フランジがあると，ないときに比べ，【少ない】排気量で大きな制御風速が得られ効果的です

(3)スロット型フードは【外付け式フード】に分類されます

(5)排風機は，空気清浄装置の【後の】清浄空気が通る位置に設置します

問題２　**解答**　(5)

A…　空気清浄装置　　B…ファン　　C…排気ダクト

が正しい組み合わせです。

問題３　**解答**　(3)

空気清浄機はダクトに接続された排風機を通過する「前」の空気が通る位置に設置します。

6 労働衛生保護具

防じんマスクは手入れの際，ろ過材に付着した粉じんなどを圧縮空気で吹き飛ばしたり，ろ過材を強くたたいて払い落としたりしてはなりません。

猫でもわかる重要ポイント

保護具	用途・注意事項
防じんマスク	防じん対策，ヒューム対策にも効果あり　（すべてのヒュームに効果なし×） 酸素濃度 18 %以上で使用　有毒ガス不適　通気抵抗小 付着した粉じんを圧縮空気で吹き飛ばしたり，ろ過材を強くたたいて払い落してはいけない
防毒マスク	有毒ガス対策　　ガスの種類ごとに吸収缶を使用　　酸素濃度 18%以上で使用 通気抵抗大　　（しめひもは耳にかけて×）（後頭部で固定○）
送気マスク	酸欠危険時に使用　　高濃度の有毒ガス，粉じん，酸欠対策に効果あり
耳栓，イヤーマフ	騒音による難聴予防　両者を併用してもよい 音の性質により感じ方が変わるので，一定の dB を超えたら使用とは言えない！
保護クリーム	皮膚の露出部が有害物質等，触れないために塗る　　作業終了後，完全に洗い流す
遮光保護具	有害光線から眼を保護（作業の種類に応じて適切な遮光度番号あり）
防熱衣	高温から身体を保護　アルミナイズドクロス製
保護めがね	飛散粒子や薬品の飛沫などによる障害を防ぐ

関連補足

・マスクの使用方法

①面体と顔面が密着していること　→　面体と顔面の間にタオルなどを入れて使用しない

②防毒マスクの吸引缶は栓のあるものは栓をして保管する。ないものも，袋に入れて保管する

③使用期限内であっても，破損，老化，変形などが著しい時は交換する。（使い捨て×）

④二種類以上の有毒ガスが混在している場合は，それぞれ型式検定に合格した吸収缶を使用する

有毒ガス	吸収缶の色
一酸化炭素	赤
硫化水素	黄
アンモニア	緑
有機ガス	黒

有毒マスク　　吸収缶

・吸収缶の破過曲線図は吸収缶の有効時間を推定するために用いられる

本試験によく出る重要問題

問題１　**呼吸用保護具に関する次の記述のうち，正しいものはどれか。**

(1)　二種類以上の有毒ガスが混在している場合には，そのうち最も毒性の強いガス用の防毒マスクを使用する。

(2)　有機ガス用の防毒マスクの吸収缶の色は，黒色である。

(3)　型式検定合格標章のある防じんマスクでも，ヒュームに対しては無効である。

(4)　防じんマスクの手入れの際，ろ過材に付着した粉じんは圧縮空気で吹き飛ばすか，ろ過材を強くたたいて払い落として除去する。

(5)　有毒ガスの濃度が高い場合には，電動ファン付き呼吸用保護具を使用する。

問題2 労働衛生保護具に関する次の記述のうち，誤っているものはどれか。

(1) 防毒マスクは，顔面と面体の接顔部とが適切な位置で密着するよう装着し，しめひもについては，耳にかけることなく後頭部において固定する。

(2) 防じんマスクの面体の接顔部に接顔メリヤスを使用すると，マスクと顔面との密着性が良くなる。

(3) 騒音作業における防音保護具として，耳覆い（イヤーマフ）と耳栓のどちらを選ぶかは，作業の性質や騒音の特性で決まるが，非常に強烈な騒音に対しては両者の併用も有効である。

(4) 保護クリームは，作業中に有害な物質が直接皮膚に付着しないようにする目的で塗布するものである。

(5) 遮光保護具は，溶接作業における紫外線などによる眼の障害を防ぐために使用する。

問題3 呼吸用保護具に関する次の記述のうち，正しいものはどれか。

(1) 一酸化炭素用の防毒マスクの吸収缶の色は，赤色である。

(2) 有機ガス用の防毒マスクの吸収缶の色は，黄色である。

(3) 型式検定合格標章のある防じんマスクでも，ヒュームに対しては無効である。

(4) 防じんマスクの手入れの際，ろ過材に付着した粉じんは圧縮空気で吹き飛ばすか，ろ過材を強くたたいて払い落として除去する。

(5) 有毒ガスの濃度が高い場合には，電動ファン付き呼吸用保護具を使用する。

問題4 労働衛生保護具などに関する次の記述のうち，誤っているものはどれか。

(1) 電動ファン付き呼吸用保護具は，電動ファンにより有害物質を含む空気を拡散して呼吸域から除去する呼吸用保護具である。

(2) 送気マスクは，清浄な空気をパイプ，ホースなどにより作業者に供給する呼吸用保護具である。

(3) 防じんマスクは，面体と顔面との間にタオルなどを当てて着用してはならない。

(4) 防毒マスクは，顔面と接する部分が適切な位置に収まるよう装着し，しめひもについては，耳にかけることなく，後頭部において固定する。

(5) 保護クリームは，作業中に有害な物質が直接皮膚に付着しないようにする目的で塗布するものである。

問題5　呼吸用保護具に関する次の記述のうち，正しいものはどれか。

(1)　一酸化炭素用の防毒マスクの吸収缶の色は，赤色である。

(2)　トルエン等の有機ガス用の防毒マスクの吸収缶の色は，黄色である。

(3)　型式検定合格標章のある防じんマスクでも，ヒュームに対しては無効である。

(4)　防じんマスクの手入れの際，ろ過材に付着した粉じんは圧縮空気で吹き飛ばすか，ろ過材を強くたたいて払い落として除去する。

(5)　防じんマスクや防毒マスクの使用にあたっては，面体と顔面の間にタオルなどを当てて，密着度を高めるとよい。

解答・解説

問題1　**解答**　(2)

(1)二種類以上の有毒ガスが混在している場合には，それぞれ型式検定に合格した吸収缶の防毒マスクを使用します。

(3)ヒュームは微細であるが固体なので，防じんマスクでも一定の効果があります。

(4)ろ過材が変形する方法で粉じんを除去すれば，隙間が出来，防じんマスクの効果がなくなるため，この様な方法で粉塵をろ過してはいけません。

(5)高濃度の有害ガスに対しては送気マスクか自給式呼吸器を使用します

問題2　**解答**　(2)

防じんマスクは面体と顔面の間には何も使用しないで着用します

問題3　**解答**　(1)

(2)有機ガス用の防毒マスクの吸収缶の色は黒です。

(3)防じんマスクはヒューム対策にも効果があります。

(4)防じんマスクの手入れは圧縮空気の吹き飛ばしや，ろ過材を強くたたいてはいけません。

(5)有毒ガスの濃度が高い場合は送気マスクか自給式呼吸器を使用します。

問題4　**解答**　(1)

(1)電動ファン付き呼吸用保護具は，有害物質を含む空気をフィルタで除去した後，その清浄空気を電動ファンによって，着用者に送る呼吸用保護具です。

問題5　**解答**　(1)

(2)有機ガス用の防毒マスクの吸収缶の色は黒色です。

(3)防じんマスクはヒューム対策にも効果があります。

(4)防じんマスクの手入れは圧縮空気の吹き飛ばしや，ろ過材を強くたたいて払い落としてはいけません。

(5)タオルなどを入れずに，面体と顔面が密着している必要があります。

1 作業管理

作業管理とは，環境を汚染させないような作業方法や，有害要因のばく露や作業負荷を軽減するような作業方法を定めて，適切に実施させるように管理することをいいます。

猫でもわかる重要ポイント

1 作業管理の手法と内容

・手法：労働生理学的手法，人間工学的手法等，多岐にわたる

・内容：作業方法の変更などにより作業負荷や姿勢などによる身体への悪影響を減少，労働衛生保護具の適正な使用により有害な物質への身体ばく露を少なくすること等

※作業管理を進めるには，作業の実態を調査・分析し，評価して，作業の標準化，労働者の教育，作業方法改善等を行っていくことが重要！

【作業管理例】

①引金付工具作業

ばね指防止のために一連続作業時間を１～２時間以下とし，10～15分の休憩をとる

②重量物の取扱作業

成人男子が取り扱う重量物は55 kg以下にする。常時扱う場合は体重の約40 %以下にする

詰め込み作業面の高さは肩の高さをこえないようにする

③チェーンソー作業

１日２時間以内で，一連続作業時間は10分以下にする

④コンベアー作業

作業速度は身体特性・熟練度・体力に適応した速度にて使用する

⑤ VDT作業

椅子に深く腰をかけて背もたれに背を十分あて，履き物の足裏全体が床に接した姿勢を基本とする

⑥放射線業務作業

管理区域を設定し，必要のある者以外の者を立ち入らせない

従事者の被ばく線量を蛍光ガラス線量計等の個人被ばく線量測定器により測定する

⑦潜水業務作業

水深，潜水時間及びその日の潜水回数に応じた浮上方法を遵守する

本試験によく出る重要問題

問題１　**労働衛生対策を進めるに当たっては，作業環境管理，作業管理及び健康管理が必要であるが，その中の作業管理に関する次の記述のうち，不適切なものはどれか。**

(1)　作業管理とは，局所排気装置の設置などの工学的な対策によって，作業環境を良好な状態に維持することをいう。

(2)　作業管理を進めるには，作業の実態を調査・分析し，評価して，作業の標準化，労働者の教育，作業方法の改善等を行っていくことが重要である。

(3)　作業管理の手法は，労働生理学的手法，人間工学的手法など多岐にわたる。

(4)　作業管理の内容には，作業方法の変更などにより作業負荷や姿勢などによる身体への悪影響を減少させることが含まれる。

(5)　作業管理の内容には，労働衛生保護具の適正な使用により有害な物質への身体ばく露を少なくすることが含まれる。

解答・解説

問題１　**解答**　(1)

記載は「作業環境管理」についての記載です。

「作業環境管理」とは作業環境中の有害要因の排除など先取りの管理のことをいい，「作業管理」とは作業自体の管理により，人と作業を安全衛生面から調和させることをいいます。

2 特殊健康診断

初期・軽度の場合はほとんどが無自覚。そのため，医師が患者に質問する問診より，検査結果などの他覚的所見によって早期に発見されることの方が多いです。

猫でもわかる重要ポイント

1 特徴

①有害業務への配置換えの際に行う特殊健康診断には，業務適性の判断と，その後の業務の影響を調べるための基礎資料を得るという目的がある。

②特殊健康診断の実施に当たっては適切な検診デザインを行うために，労働者を従事させている作業内容と，有害要因への暴露状況をあらかじめ把握する必要がある。

③有害物質による健康障害の大部分は初期または軽度の場合，ほとんど無自覚で諸検査の結果により早期に発見されることがが多い。ただし，急性のものはすぐに症状が現れる。

④特殊健康診断では対象とする特定の健康障害と類似の他の疾患との判別が，一般健康診断よりも一層強く求められる。

⑤振動工具取扱い作業者に対する特殊健康診断を１年に２回実施する場合，そのうち１回は冬季に行うとよい

2 生物学的（生体）モニタリング

特殊健康診断における有害物の体内摂取量や有害物による軽度の影響の程度を把握するための検査です。

①ばく露モニタリング…有害物の体内存在量（摂取量）を測定し作業者のばく露状況を把握

②影響モニタリング　…有害物質の代謝量を測定して，初期の軽度影響状

況を把握

例）「キシレン」のばく露モニタリングの指標としての尿中代謝物は「メチル馬尿酸」（試験対策！）

・生物学的半減期……体内の有害物質量が半分に減少するまでの時間

有害物質	生物学的半減期	尿・血液採取時期
鉛	長い	任意の時期
有機溶剤代謝物	短い	作業期間中に厳重にチェック

3 特殊健康診断の尿の採取

・生物学的半減期……体内の有害物質量が半分に減少するまでの時間

本試験によく出る重要問題

問題1　**特殊健康診断に関する次の記述のうち，誤っているものはどれか。**

(1)　有害業務への配置替えの際に行う特殊健康診断には，業務適性の判断と，その後の業務の影響を調べるための基礎資料を得るという目的がある。

(2)　有害物質による健康障害は，多くの場合，諸検査の異常などの他覚的所見より自覚症状が先に出現するため，特殊健康診断では問診の重要性が高い。

(3)　特殊健康診断では，対象とする特定の健康障害と類似の他の疾患との判別が，一般健康診断よりも一層強く求められる。

(4)　特殊健康診断において適切な健診デザインを行うためには，作業内容と有害要因へのばく露状況を把握する必要がある。

(5)　有機溶剤は，生物学的半減期が短いので，有機溶剤等健康診断における尿中の代謝物の量の検査のための採尿の時刻は，厳重にチェックする必要がある。

問題2　特殊健康診断に関する次の記述のうち，誤っているものはどれか。

(1)　有害業務への配置替えの際に行う特殊健康診断には，業務適性の判断と，その後の業務の影響を調べるための基礎資料を得るという目的がある。

(2)　特殊健康診断の実施に当たっては，現在の作業内容及び有害要因へのばく露状況を把握する必要がある。

(3)　特殊健康診断では，対象とする特定の健康障害と類似の他の疾患との判別や異常所見の業務起因性についての判断が，一般健康診断よりも一層強く求められる。

(4)　有害物質による健康障害は，多くの場合，諸検査の異常などの他覚的所見より自覚症状が先に出現するため，特殊健康診断では問診の重要性が高い。

(5)　体内に取り込まれた有機溶剤の生物学的半減期は短いので，有機溶剤等健康診断における尿中の代謝物の量の検査のための採尿の時刻は，厳重にチェックする必要がある。

問題3　特殊健康診断に関する次の文中の［　　］内に入れるAからCの語句の組合せとして，正しいものは(1)～(5)のうちどれか。

「特殊健康診断における有害物の体内摂取量を把握する検査として，代表的なものが生物学的モニタリングである。有機溶剤の場合は生物学的半減期が［A］ので，有機溶剤等健康診断における［B］の量の検査においては，［C］の時刻を厳重にチェックする必要がある。」

	A	B	C
(1)	短い	有機溶剤代謝物	採尿
(2)	長い	有機溶剤代謝物	採血
(3)	短い	有機溶剤代謝物	採血
(4)	長い	尿中蛋白（たん）	採尿
(5)	短い	尿中蛋白	採尿

問題4 有害業務従事者に対する特殊健康診断に関する次の記述のうち，誤っているものはどれか。

(1) 有害業務への配置替えの際に行う特殊健康診断には，業務適性の判断と，その後の業務の影響を調べるための基礎資料を得る目的がある。

(2) 有害物質による健康障害の多くは，諸検査の異常などの他覚的所見より，自覚症状が先に出現するため，特殊健康診断では問診の重要性が高い。

(3) 多くの有機溶剤は，生物学的半減期が短いので，有機溶剤等健康診断における尿中の代謝物の量の検査のための採尿の時刻は，厳重にチェックする必要がある。

(4) 振動工具取扱い作業者に対する特殊健康診断を1年に2回実施する場合，そのうち1回は冬季に行うとよい。

(5) 特殊健康診断における生物学的モニタリングによる検査は，有害物の体内摂取量や有害物による軽度の影響の程度を把握するための検査である。

解答・解説

問題1 解答 (2)

有害物質による健康障害の大部分は，急性発症を除き，初期又は軽度の場合はほとんど無自覚で初検査の結果により発見されることが多いです。

問題2 解答 (4)

有害物質による健康障害の大部分は，急性発症を除き，初期又は軽度の場合はほとんど無自覚で初検査の結果により発見されることが多いです。

問題3 解答 (1)

A…短い　B…有機溶剤代謝物　C…採尿　が正しい組み合わせです。

問題4 解答 (2)

有害物質による健康障害の大部分は，急性発症を除き，初期又は軽度の場合はほとんど無自覚で初検査の結果により発見されることが多いです。

模擬テスト

模擬テスト　問題

特例による受験者は問 1 〜問 20 についてのみ解答してください。

関係法令（有害業務に係るもの）

問題 1　**常時 800 人の労働者を使用する製造業の事業場における衛生管理体制に関する(1)〜(5)の記述のうち，法令上，誤っているものはどれか。**

ただし，800 人中には，製造工程において次の業務に常時従事する者がそれぞれに示す人数含まれており，試験研究の業務はないものとし，衛生管理者及び産業医の選任の特例はないものとする。

深夜業を含む業務	550 人
多量の高熱物体を取り扱う業務	100 人
特定化学物質のうち第三類物質を製造する業務	60 人

(1)　総括安全衛生管理者を選任しなければならない。

(2)　衛生管理者のうち 1 人を，衛生工学衛生管理者免許を受けた者のうちから選任しなければならない。

(3)　衛生管理者のうち少なくとも 1 人を，専任の衛生管理者として選任しなければならない。

(4)　産業医は，この事業場に専属の者ではないが，産業医としての法定の要件を満たしている医師のうちから選任することができる。

(5)　特定化学物質作業主任者を選任しなければならない。

問題 2　**次の業務に労働者を就かせるとき，法令に基づく安全又は衛生のための特別の教育を行わなければならないものはどれか。**

(1)　赤外線又は紫外線にさらされる業務

(2)　水深 10m 以上の場所における潜水業務

(3)　特定化学物質のうち第一類物質を製造する業務

(4)　エックス線装置を用いて行う透過写真撮影の業務

(5)　削岩機，チッピングハンマー等チェーンソー以外の振動工具を取り扱う業務

問題 3　**特定化学物質の第一類物質に関する次の記述のうち，法令上，正しいものはどれか。**

(1) 第一類物質は，「クロム酸及びその塩」をはじめとする7種の発がん性の認められた化学物質並びにそれらを一定量以上含有する混合物である。
(2) 第一類物質を製造しようとする者は，あらかじめ，物質ごとに，かつ，当該物質を製造するプラントごとに厚生労働大臣の許可を受けなければならない。
(3) 第一類物質を容器に入れ，容器から取り出し，又は反応槽等へ投入する作業を行うときは，発散源を密閉する設備，外付け式フードの局所排気装置又はプッシュプル型換気装置を設けなければならない。
(4) 第一類物質を取り扱う屋内作業場についての作業環境測定結果及びその評価の記録を保存すべき期間は，3年である。
(5) 第一類物質を取り扱う業務に常時従事する労働者に係る特定化学物質健康診断個人票を保存すべき期間は，5年である。

問題4　有機溶剤業務を行う場合等の措置について，法令に違反しているものは次のうちどれか。

ただし，有機溶剤中毒予防規則に定める適用除外及び設備の特例はないものとする。

(1) 屋内作業場で，第二種有機溶剤等が付着している物の乾燥の業務に労働者を従事させるとき，その作業場所に設置した空気清浄装置を設けていない局所排気装置の排気口で，厚生労働大臣が定める濃度以上の有機溶剤を排出するものの高さを，屋根から1.5mとしている。
(2) 第三種有機溶剤等を用いて払拭の業務を行う屋内作業場について，定期に，当該有機溶剤の濃度を測定していない。
(3) 屋内作業場で，第二種有機溶剤等が付着している物の乾燥の業務を労働者に行わせるとき，その作業場所に最大0.4m/sの制御風速を出し得る能力を有する側方吸引型外付け式フードの局所排気装置を設け，かつ，作業に従事する労働者に有機ガス用防毒マスクを使用させている。
(4) 屋内作業場で，第二種有機溶剤等を用いる試験の業務に労働者を従事させるとき，有機溶剤作業主任者を選任していない。
(5) 有機溶剤等を入れてあった空容器の処理として，有機溶剤の蒸気が発散するおそれのある空容器を屋外の一定の場所に集積している。

問題5　厚生労働大臣が定める規格を具備しなければ，譲渡し，貸与し，又は設置してはならない機械等に該当するものは次のうちどれか。

(1) 送気マスク

⑵　酸素呼吸器
⑶　放射線測定器
⑷　工業用ガンマ線照射装置
⑸　検知管方式による一酸化炭素検定器

問題6　酸素欠乏症等の防止等に関する次の記述のうち，法令上，誤っているものはどれか。

ただし，空気呼吸器等とは，空気呼吸器，酸素呼吸器又は送気マスクをいう。

⑴　第一種酸素欠乏危険作業については，その日の作業開始後速やかに，当該作業場における空気中の酸素の濃度を測定しなければならない。
⑵　酸素欠危険作業に労働者を従事させる場合で，当該作業を行う場所において酸素欠乏等のおそれが生じたときは，直ちに作業を中止し，労働者をその場所から退避させなければならない。
⑶　酸素欠乏症等にかかった労働者を酸素欠乏等の場所において救出する作業に労働者を従事させるときは，当該救出作業に従事する労働者に空気呼吸器等を使用させなければならない。
⑷　タンクの内部その他通風が不十分な場所において，アルゴン等を使用して行う溶接の作業に労働者を従事させるときは，作業を行う場所の空気中の酸素の濃度を18%以上に保つように換気し，又は労働者に空気呼吸器等を使用させなければならない。
⑸　労働者が酸素欠乏症等にかかったときは，遅滞なく，その旨を当該作業所を行う場所を管轄する労働基準監督署長に報告しなければならない。

問題7　次の設備又は装置のうち，法令に基づく定期自主検査の実施頻度が1年以内ごとに1回とされていないものはどれか。

⑴　硫酸を取り扱う特定化学設備
⑵　トルエンを用いて洗浄を行う屋内の作業場所に設置したプッシュプル型換気装置
⑶　鉛化合物を製造する工程において鉛等の溶融を行う屋内の作業場所に設置した局所排気装置
⑷　弗(ふっ)化水素を含有する気体を排出する製造設備の排気筒に設置した排ガス処理装置
⑸　セメントを袋詰めする屋内の作業箇所に設置した局所排気装置に設けた除じん装置

問題 8　次の有害業務に従事した者のうち，離職の際に又は離職の後に，法令に基づく健康管理手帳の交付対象となるものはどれか。

(1)　ビス（クロロメチル）エーテルを取り扱う業務に3年以上従事した者
(2)　硝酸を取り扱う業務に5年以上従事した者
(3)　鉛化合物を製造する業務に7年以上従事した者
(4)　メタノールを取り扱う業務に10年以上従事した者
(5)　水銀を取り扱う業務に3年以上従事した者

問題 9　事業者が，法令に基づく次の措置を行ったとき，その結果について所轄労働基準監督署長に報告することが義務付けられているものはどれか。

(1)　特定化学設備についての定期自主検査
(2)　定期の有機溶剤等健康診断
(3)　雇入時の特定化学物質健康診断
(4)　石綿作業主任者の選任
(5)　鉛業務を行う屋内作業場についての作業環境測定

問題 10　労働基準法に基づき，全ての女性労働者について，就業が禁止されている業務は次のうちどれか。

(1)　異常気圧下における業務
(2)　多量の高熱物体を取り扱う業務
(3)　20kgの重量物を継続作業として取り扱う業務
(4)　削岩機，鋲（びょう）打機等身体に著しい振動を与える機械器具を用いて行う業務
(5)　強烈な騒音を発する場所における業務

労働衛生（有害業務に係るもの）

問題 11　労働衛生対策を進めるに当たっては，作業管理，作業環境管理及び健康管理が必要であるが，次のAからEの対策例について，作業管理に該当するものの組合せは(1)～(5)のうちどれか。

A　VDT作業における作業姿勢は，椅子に深く腰をかけて背もたれに背を十分あて，履き物の足裏全体が床に接した姿勢を基本とする。
B　有機溶剤業務を行う作業場所に設置した局所排気装置のフード付近の気流の風速を測定する。
C　放射線業務において管理区域を設定し，当該場所に立ち入る必要のある者以外

の者を立ち入らせない。

D　ずい道建設工事の掘削作業において，土石又は岩石を湿潤な状態に保つための設備を設ける。

E　じん肺健康診断の結果，粉じん業務に従事することが健康の保持のために適当でないと医師が認めた者を配置転換する。

(1)　A，B
(2)　A，C
(3)　B，D
(4)　C，E
(5)　D，E

問題 12　電離放射線に関する次の記述のうち，誤っているものはどれか。

(1)　電離放射線の被ばくによる影響には，身体的影響と遺伝的影響がある。
(2)　電離放射線の被ばくによる身体的影響のうち，白内障は晩発障害に分類される。
(3)　電離放射線の被ばくによる発がんと遺伝的影響は，確定的影響に分類される。
(4)　電離放射線の被ばく後，数週間程度までに現れる造血器系障害は，急性障害に分類される。
(5)　造血器，生殖腺，腸粘膜，皮膚など頻繁に細胞分裂している組織・臓器は，電離放射線の影響を受けやすい。

問題 13　有機溶剤に関する次の記述のうち，正しいものはどれか。

(1)　有機溶剤は，水溶性と脂溶性をともに有し，その蒸気は空気よりも軽い。
(2)　有機溶剤は，揮発性が高いため呼吸器から吸収されやすいが，皮膚から吸収されることはない。
(3)　トルエンのばく露の生物学的モニタリングの指標としての尿中代謝物は，馬尿酸である。
(4)　メタノールによる健康障害として顕著なものは，網膜細動脈瘤（りゅう）を伴う脳血管障害である。
(5)　ノルマルヘキサンによる障害として顕著なものには，白血病や皮膚がんがある。

問題 14　金属による中毒に関する次の記述のうち，正しいものはどれか。

(1)　鉛中毒では，貧血，伸筋麻痺（ひ），腹部の疝（せん）痛などの症状がみられる。
(2)　ベリリウム中毒では，溶血性貧血，尿の赤色化などの症状がみられる。
(3)　マンガン中毒では，指の骨の溶解，皮膚の硬化などの症状がみられる。

(4)　クロム中毒では，低分子蛋白尿，歯への黄色の色素沈着，視野狭窄などの症状がみられる。

(5)　金属水銀中毒では，肺炎，肺気腫などの症状がみられる。

問題 15　有害物質とその常温・常圧（25℃，1気圧）の空気中における状態との組合せとして，誤っているものは次のうちどれか。

ただし，ガスとは，常温・常圧で気体のものをいい，蒸気とは，常温，常圧で液体又は固体の物質が蒸気圧に応じて揮発又は昇華して気体となっているものをいうものとする。

(1)　塩化ビニル…………………………ガス

(2)　アセトン…………………………蒸気

(3)　フェノール………………………蒸気

(4)　ホルムアルデヒド………………ガス

(5)　二硫化炭素………………………ガス

問題 16　作業環境における有害因子による健康障害に関する次の記述のうち，正しいものはどれか。

(1)　空気中の酸素濃度が15～16％程度の酸素欠乏症では，一般に頭痛，吐き気などの症状がみられる。

(2)　熱虚脱は，暑熱環境下で脳へ供給される血液量が増加したとき，代償的に心拍数が減少することにより生じ，発熱，徐脈，めまいなどの症状がみられる。

(3)　金属熱は，金属の溶融作業において，高温環境により体温調節中枢が麻痺（ひ）することにより発生し，長期間にわたる発熱，関節痛などの症状がみられる。

(4)　凍瘡（そう）は，皮膚組織の凍結壊（え）死を伴うしもやけのことで，0℃以下の寒冷にばく露することによって発生する。

(5)　潜水業務における減圧症は，浮上による減圧に伴い，血液中に溶け込んでいた酸素が気泡となり，血管を閉塞したり組織を圧迫することにより発生する。

問題 17　化学物質による健康障害に関する次の記述のうち，誤っているものはどれか。

(1)　一酸化炭素による中毒では，ヘモグロビン合成の障害による貧血，溶血などがみられる。

(2)　シアン化水素による中毒では，細胞内での酸素利用の障害による呼吸困難，痙攣（けいれん）などがみられる。

(3) 硫化水素による中毒では，意識消失，呼吸麻痺(ひ)などがみられる。
(4) 二酸化硫黄による慢性中毒では，慢性気管支炎，歯牙酸蝕(しょく)症などがみられる。
(5) 弗(ふっ)化水素による慢性中毒では，骨の硬化，斑状歯がみられる。

問題 18　局所排気装置に関する次の記述のうち，正しいものはどれか。

(1) ダクトの形状には，円形，角形などがあるが，その断面積を大きくするほど，ダクトの圧力損失が増大する。
(2) フード開口部の周囲にフランジがあると，フランジがないときに比べ，気流の整流作用が増し，大きな排風量が必要となる。
(3) ドラフトチェンバ型フードは，発生源からの飛散速度を利用して捕捉するもので，外付け式フードに分類される。
(4) 建築ブース型フードは，作業面を除き周りが覆われているもので，囲い式フードに分類される。
(5) 空気清浄装置を付設する局所排気装置を設置する場合，排風機は，一般に，フードに接続した吸引ダクトと空気清浄装置の間に設ける。

問 19　厚生労働省の「作業環境測定基準」及び「作業環境評価基準」に基づく作業環境測定及びその結果の評価に関する次の記述のうち，誤っているものはどれか。

(1) 作業環境測定を実施する場合の単位作業場所は，労働者の作業中の行動範囲，有害物の分布の状況などに基づいて設定する。
(2) 管理濃度は，有害物質に係る作業環境の状態を，単位作業場所ごとにその作業環境測定結果から評価するための指標として定められている。
(3) B 測定は，単位作業場所中の有害物質の発散源に近接する場所で作業が行われる場合において，空気中の有害物質の最高濃度を知るために行う測定である。
(4) A 測定と B 測定を併せて行う場合は，A 測定の測定値を用いて求めた第一評価値及び第二評価値と B 測定の測定値に基づき，単位作業場所を第一管理区分から第三管理区分までのいずれかに区分する。
(5) A 測定の第一評価値は，第二評価値より常に小さい。

問題 20　呼吸用保護具に関する次の記述のうち，正しいものはどれか。

(1) 防じんマスクは作業に適したものを選択し，顔面とマスクの面体の高い密着性が要求される有害性の高い物質を取扱う作業については，使捨て式のものを選ぶ。
(2) 防じんマスクの面体の接顔部に接顔メリヤスを使用すると，マスクと顔面との密着性が良くなる。

(3)　2種類以上の有害ガスが混在している場合には，そのうちの最も毒性の強いガス用の防毒マスクを使用する。

(4)　防毒マスクの吸収缶が除毒能力を喪失するまでの時間を破過時間という。

(5)　一酸化炭素用防毒マスクの吸収缶の色は，黄色である。

関係法令（有害業務に係るもの以外のもの）

問題21　事業者が衛生管理者に管理させるべき業務として，法令上，誤っているものは次のうちどれか。

ただし，次のそれぞれの業務のうち衛生に係る技術的事項に限るものとする。

(1)　安全衛生に関する方針の表明に関すること。

(2)　事業者に対して行う労働者の健康管理等についての必要な勧告に関すること。

(3)　安全衛生に関する計画の作成，実施，評価及び改善に関すること。

(4)　労働災害の原因の調査及び再発防止対策に関すること。

(5)　健康診断の実施その他健康の保持増進のための措置に関すること。

問題22　衛生委員会に関する次の記述のうち，法令上，正しいものはどれか。

(1)　衛生委員会の議長は，衛生管理者である委員のうちから，事業者が指名しなければならない。

(2)　衛生委員会の議長を除く全委員は，事業場の労働組合又は労働者の過半数を代表する者の推薦に基づき指名しなければならない。

(3)　衛生委員会の委員として，事業場に専属でない産業医を指名することはできない。

(4)　衛生委員会における議事の概要は，委員会開催の都度，遅滞なく，所定の方法によって労働者に周知させなければならない。

(5)　衛生委員会は，毎月1回以上開催するようにし，重要な議事に係る記録を作成して，5年間保存しなければならない。

問題23　労働安全衛生規則に基づく医師による雇入時の健康診断に関する次の記述のうち，誤っているものはどれか。

(1)　医師による健康診断を受けた後3カ月を経過しない者を雇い入れる場合，その健康診断の結果を証明する書面の提出があったときは，その健康診断の項目に相当する雇入時の健康診断の項目は省略することができる。

(2)　雇入時の健康診断における聴力の検査は，1,000ヘルツ及び4,000ヘルツの音に係る聴力について行わなければならない。

(3)　雇入時の健康診断の項目には，血糖検査が含まれているが，血液中の尿酸の量の検査は含まれていない。

(4) 雇入時の健康診断の結果に基づいて作成した健康診断個人票は，5年間保存しなければならない。

(5) 雇入時の健康診断の結果については，その対象労働者数が50人以上となるときには，事業場の規模にかかわらず，所轄労働基準監督署長に報告しなければならない。

問題24 事業場の建物，施設等に関する措置について，労働安全衛生規則の衛生基準に違反していないものは次のうちどれか。

(1) 労働者を常時就業させる屋内作業場に，換気が十分行われる設備を設けたので，労働者1人当たりの気積を8 m^{3}としている。

(2) 常時男性5人及び女性35人の労働者を使用している事業場で，男女共用の休憩室のほかに，女性用の臥(が)床することのできる休養室を設けているが，男性用の休養室や休養所は設けていない。

(3) 事業場に附属する食堂の炊事従業員について，専用の便所を設けているほか，一般の労働者と共用の休憩室を設けている。

(4) 精密な作業を常時行う場所の作業面の照度を350ルクスとしている。

(5) 有害業務を行っていない事業場において，窓その他の開口部の直接外気に向って開放することができる部分の面積が，常時床面積の25分の1である屋内作業場に，換気設備を設けていない。

問題25 労働安全衛生規則に規定されている医師による健康診断について，法令に違反しているものは次のうちどれか。

(1) 雇入時の健康診断において，35歳未満の者については，医師の意見を聴いて，貧血検査及び心電図検査を省略している。

(2) 深夜業を含む業務に常時従事する労働者に対し，6か月以内ごとに1回，定期に，健康診断を行っているが，胸部エックス線検査については，1年以内ごとに1回，定期に，行っている。

(3) 海外に6か月以上派遣して帰国した労働者について，国内の業務に就かせるとき，一時的な就業の場合を除いて，海外派遣労働者健康診断を行っている。

(4) 事業場において実施した雇入時の健康診断の項目に異常の所見があると診断された労働者については，その結果に基づき，健康を保持するために必要な措置について，健康診断実施日から3か月以内に，医師の意見を聴いている。

(5) 常時40人の労働者を使用する事業場において，定期健康診断の結果について，所轄労働基準監督署長に報告を行っていない。

問題 26　**労働基準法に定める育児時間に関する次の記述のうち，誤っているものはどれか。**

(1)　生後満 1 年を超え，満 2 年に達しない生児を育てる女性労働者は，育児時間を請求できる。
(2)　育児時間は，必ずしも有給としなくてもよい。
(3)　育児時間は，1 日 2 回，1 回当たり少なくとも 30 分の時間を請求できる。
(4)　育児時間を請求しない女性労働者に対しては，育児時間を与えなくてもよい。
(5)　育児時間は，育児時間を請求できる女性労働者が請求した時間に与えなければならない。

問題 27　**常時 10 人以上の労働者を使用する事業場において，労働基準法に基づく妊産婦に関する次の記述のうち，誤っているものはどれか。**

ただし，労使協定とは，「労働者の過半数で組織する労働組合（その労働組合がない場合は労働者の過半数を代表する者）と使用者との書面による協定」をいい，また，管理監督者等とは，「監督又は管理の地位にある者等，労働時間，休憩及び休日に関する規定の適用除外者」をいうものとする。

(1)　時間外・休日労働に関する労使協定を締結し，これを所轄労働基準監督署長に届け出ている場合であって，妊産婦が請求した場合には，管理監督者等の場合を除き，時間外・休日労働をさせてはならない。
(2)　1 か月単位の変形労働時間制を採用している場合であって，妊産婦が請求した場合には，管理監督者等の場合を除き，1 週 40 時間，1 日 8 時間を超えて労働させてはならない。
(3)　フレックスタイム制を採用している場合には，1 週 40 時間，1 日 8 時間を超えて労働させることができる。
(4)　1 年単位の変形労働時間制を採用している場合であって，妊産婦が請求した場合には，管理監督者等の場合を除き，1 週 40 時間，1 日 8 時間を超えて労働させてはならない。
(5)　妊産婦が請求した場合には，管理監督者等の場合を除き，深夜業をさせてはならない。

労働衛生（有害業務に係るもの以外のもの）

問題 28　一次救命措置に関する次の記述のうち，誤っているものはどれか。

(1)　傷病者に反応がある場合は，回復体位をとらせて安静にして，経過を観察する。

(2)　一次救命措置は，できる限り単独で行うことは避ける。

(3)　口対口人工呼吸は，傷病者の鼻をつまみ，1回の吹き込みに3秒かけて傷病者の胸の盛り上がりが見える程度まで吹き込む。

(4)　胸骨圧迫は，胸が約5cm沈む強さで，1分間に100～120回のテンポで行う。

(5)　AED（自動体外式除細動器）を用いた場合，電気ショックを行った後や電気ショックは不要と判断されたときには，音声メッセージに従い，胸骨圧迫を再開し心肺蘇(そ)生を続ける。

問題 29　厚生労働省の「労働者の心の健康の保持増進のための指針」に基づくメンタルヘルスケアに関する次の記述のうち，誤っているものはどれか。

(1)　メンタルヘルスケアを中長期的視点に立って継続的かつ計画的に行うため策定する「心の健康づくり計画」は，各事業場における労働安全衛生に関する計画の中に位置付ける。

(2)　「心の健康づくり計画」の策定は，衛生委員会又は安全衛生委員会において十分調査審議する。

(3)　事業者がメンタルヘルスケアを積極的に推進する旨を表明することは，「心の健康づくり計画」で定めるべき事項に含まれる。

(4)　「心の健康づくり計画」では，「セルフケア」，「家族によるケア」，「ラインによるケア」及び「事業場外資源によるケア」の四つのケアを効果的に推進する。

(5)　「セルフケア」とは，労働者自身がストレスや心の健康について理解し，自らのストレスを予防，軽減することである。

問題 30　厚生労働省の「VDT 作業における労働衛生管理のためのガイドライン」に基づく措置に関する次の記述のうち，誤っているものはどれか。

(1)　ディスプレイ画面上における照度は，書類上及びキーボード上における照度とほぼ同じ明るさとし，400 ルクス程度としている。

(2)　作業室内には，間接照明等のグレア防止用照明器具を用いている。

(3)　ディスプレイは，おおむね 50cm 程度の視距離が確保できるようにしている。

(4)　単純入力型及び拘束型に該当する VDT 作業については，一連続作業時間を1時間とし，次の連続作業までの間に5分の作業休止時間を設けている。

(5)　VDT 作業健康診断では，視力検査などの眼科学的検査のほか，上肢の運動機能などの筋骨格系に関する検査も行っている。

問題31　**脳血管障害及び虚血性心疾患に関する次の記述のうち，誤っているものはどれか。**

(1)　脳血管障害は，脳の血管の病変が原因で生じ，出血性病変，虚血性病変などに分類される。

(2)　出血性の脳血管障害は，脳表面のくも膜下腔(くう)に出血するくも膜下出血，脳実質内に出血する脳出血などに分類される。

(3)　虚血性の脳血管障害である脳梗塞は，脳血管自体の動脈硬化性病変による脳血栓症と，心臓や動脈壁の血栓が剥がれて脳血管を閉塞する脳塞栓症に分類される。

(4)　虚血性心疾患は，冠動脈による心筋への血液の供給が不足したり途絶えることにより起こる心筋障害である。

(5)　虚血性心疾患は，心筋の一部に可逆的虚血が起こる心筋梗塞と，不可逆的な心筋壊(え)死が起こる狭心症とに大別される。

問題32　**出血及び止血法並びにその救急措置に関する次の記述のうち，誤っているものはどれか。**

(1)　体内の全血液量は，体重の約８％で，その約３分の１を短時間に失うと生命が危険な状態となる。

(2)　止血法には，直接圧迫法，間接圧迫法などがあるが，応急手当としては直接圧迫法が推奨されている。

(3)　静脈性出血は，傷口からゆっくり持続的に湧き出るような出血で，通常，直接圧迫法で止血する。

(4)　止血帯を施した後，受傷者を医師に引き継ぐまでに１時間以上かかる場合には，止血帯を施してから１時間ごとに１～２分間，出血部から血液がにじんでくる程度まで結び目をゆるめる。

(5)　止血を行うときは，受傷者の血液による処置者への感染防止のため，ビニール手袋を着用したりビニール袋を活用するようにする。

問題33　**労働者の健康保持増進のために行う健康測定における運動機能検査の項目とその測定種目との組合せとして，誤っているものは次のうちどれか。**

(1)　筋力………………握力

(2)　柔軟性……………上体起こし

(3)　平衡性……………閉眼（又は開眼）片足立ち

(4) 敏しょう性………全身反応時間
(5) 全身持久性………最大酸素摂取量

問題 34 **食中毒に関する次の記述のうち，誤っているものはどれか。**

(1) O-157やO-111は，ベロ毒素を産生する大腸菌で，これらによる食中毒は，腹痛，出血を伴う水様性の下痢などの症状を呈する。
(2) ノロウイルスは，手指，食品などを介して経口で感染し，腸管で増殖して，嘔(おう)吐，下痢，腹痛などの急性胃腸炎を起こすもので，冬季に集団食中毒として発生することが多い。
(3) ボツリヌス菌は，缶詰，真空パック食品など酸素のない食品中で増殖して毒性の強い神経毒を産生し，筋肉の麻痺(ひ)症状を起こす。
(4) 毒素型食中毒は，食物に付着した細菌が増殖する際に産生した毒素によって起こる食中毒で，腸炎ビブリオ菌などによるものがある。
(5) 感染型食中毒は，食物に付着した細菌そのものの感染によって起こる食中毒で，サルモネラ菌などによるものがある。

次の科目が免除されている方は，問 35～問 44 は解答しないでください。

労働生理

問題 35 **血液に関する次の記述のうち，誤っているものはどれか。**

(1) 赤血球は，骨髄で産生され，寿命は約120日であり，全血液の体積の約60%を占めている。
(2) 血液中に占める赤血球の容積の割合をヘマトクリットといい，貧血になるとその値は低くなる。
(3) 好中球は，偽足を出してアメーバ様運動を行い，体内に侵入してきた細菌などを貪食する。
(4) リンパ球は，白血球の約30%を占め，Tリンパ球やBリンパ球などの種類があり，免疫反応に関与している。
(5) ABO式血液型は，赤血球による血液型分類の一つで，A型血液の血清は抗B抗体をもつ。

問題 36 **呼吸に関する次の記述のうち，誤っているものはどれか。**

(1) 呼吸運動は，主として肋(ろっ)間筋と横隔膜の協調運動によって胸郭内容積を周期的に増減し，それに伴って肺を伸縮させることにより行われる。

(2) 胸郭内容積が増し，内圧が低くなるにつれ，鼻腔(くう)，気管などの気道を経て肺内へ流れ込む空気が吸気である。

(3) 肺胞内の空気と肺胞を取り巻く毛細血管中の血液との間で行われるガス交換を外呼吸という。

(4) 通常の呼吸の場合の呼気には，酸素が約 16%，二酸化炭素が約 4 %，それぞれ含まれる。

(5) 身体活動時には，血液中の窒素分圧の上昇により呼吸中枢が刺激され，1 回換気量及び呼吸数が増加する。

問題 37　心臓の働きと血液の循環に関する次の記述のうち，正しいものはどれか。

(1) 肺循環は，右心室から肺静脈を経て肺の毛細血管に入り，肺動脈を通って左心房に戻る血液の循環である。

(2) 心臓は，自律神経の中枢で発生した刺激が刺激伝導系を介して心筋に伝わることにより，規則正しく収縮と拡張を繰り返す。

(3) 心臓から拍出された血液を送る血管を動脈といい，心臓に戻る血液を送る血管を静脈という。

(4) 大動脈や肺動脈には，動脈血が流れる。

(5) 血圧は，血液が血管の側面を押し広げる力であり，高血圧の状態が続くと，血管壁の厚さは減少していく。

問題 38　消化器系に関する次の記述のうち，誤っているものはどれか。

(1) 三大栄養素のうち糖質はブドウ糖などに，蛋(たん)白質はアミノ酸に，脂肪は脂肪酸とグリセリンに，酵素により分解されて吸収される。

(2) 無機塩やビタミン類は，酵素による分解を受けないでそのまま吸収される。

(3) 膵(すい)臓は，消化酵素を含む膵液を十二指腸に分泌するとともに，血糖値を調節するホルモンを血液中に分泌する。

(4) ペプシノーゲンは，胃酸によってペプシンという消化酵素になり，蛋白質を分解する。

(5) 胆汁はアルカリ性で，蛋白質を分解するトリプシンなどの消化酵素を含んでいる。

問題 39　神経系に関する次の記述のうち，誤っているものはどれか。

(1) 神経系は，中枢神経系と末梢(しょう)神経系に大別され，中枢神経系は脳と脊髄から成る。

(2) 大脳の内側の髄質は神経細胞の細胞体が集合した灰白質で，感覚，運動，思考などの作用を支配する中枢として機能する。

(3) 神経系を構成する基本的な単位である神経細胞は，通常，1個の細胞体，1本の軸索及び複数の樹状突起から成り，ニューロンともいわれる。

(4) 神経系は，機能的には，体性神経と自律神経に分類され，自律神経は更に交感神経と副交感神経に分類される。

(5) 体性神経には，感覚器官からの情報を中枢神経に伝える感覚神経と，中枢神経からの命令を運動器官に伝える運動神経がある。

問題 40　腎臓・泌尿器系に関する次の記述のうち，誤っているものはどれか。

(1) 糸球体では，血液中の血球及び蛋(たん)白質以外の成分がボウマン嚢(のう)に濾(こ)し出され，原尿が生成される。

(2) 尿細管では，原尿に含まれる大部分の水分，電解質，栄養分などが血液中に再吸収される。

(3) 尿の生成・排出により，体内の水分の量やナトリウムなどの電解質の濃度を調節するとともに，生命活動によって生じた不要な物質を排泄(せつ)する。

(4) 尿の約 95%は水分で，約 5 %が固形物であり，その成分は全身の健康状態をよく反映するので，尿検査は健康診断などで広く行われている。

(5) 血液中の尿素窒素（BUN）の値が低くなる場合は，腎臓の機能の低下が考えられる。

問題 41　筋肉に関する次の記述のうち，正しいものはどれか。

(1) 横紋筋は，骨に付着して身体の運動の原動力となる筋肉で意志によって動かすことができるが，平滑筋は，心筋などの内臓に存在する筋肉で意志によって動かすことができない。

(2) 筋肉の縮む速さが速ければ速いほど，仕事の効率は大きい。

(3) 荷物を持ち上げたり，屈伸運動を行うときは，筋肉が長さを変えずに外力に抵抗して筋力を発生させる等尺性収縮が生じている。

(4) 強い力を必要とする運動を続けていても，筋肉を構成する個々の筋線維の太さは変わらないが，その数が増えることによって筋肉が太くなり筋力が増強する。

(5) 筋肉は，収縮しようとする瞬間に最も大きい力を出す。

問題 42　ストレスに関する次の記述のうち，誤っているものはどれか。

(1)　個人の能力や感性に適合しないストレッサーは，心理的には不安，焦燥感，抑うつ感などを，身体的には疲労を生じることがある。

(2)　典型的なストレス反応として，副腎皮質ホルモンの分泌の著しい減少がある。

(3)　ストレスにより，発汗，手足の震えなど自律神経系の障害が生じることがある。

(4)　ストレスにより，高血圧症，狭心症，十二指腸潰瘍などの疾患が生じることがある。

(5)　昇進，転勤，配置替えなどがストレスの原因となることがある。

問題 43　体温調節に関する次の記述のうち，正しいものはどれか。

(1)　体温調節中枢は，間脳の視床下部にある。

(2)　体温調節のように，外部環境が変化しても身体内部の状態を一定に保つ生体の仕組みを同調性といい，筋肉と神経系により調整されている。

(3)　寒冷にさらされ体温が正常以下になると，皮膚の血管が拡張して血流量を増し，皮膚温を上昇させる。

(4)　不感蒸泄（せつ）とは，水分が発汗により失われることをいう。

(5)　温熱性発汗は，全身でみられるが，特に足の裏で多い。

問題 44　ホルモンとその働きに関する次の記述のうち，正しいものはどれか。

(1)　副腎皮質から分泌されるコルチゾールは，血糖値を上昇させる。

(2)　副腎髄質から分泌されるアドレナリンは，血糖値を低下させる。

(3)　副甲状腺から分泌されるパラソルモンは，睡眠と覚醒のリズムの調節を行う。

(4)　松果体から分泌されるメラトニンは，体内のカルシウムバランスの調整を行う。

(5)　胃粘膜から分泌されるガストリンは，胃酸の分泌を抑制する。

模擬テスト　解答・解説

関係法令（有害業務に係るもの）

問題 1　**解答 (4)**

(1)正しい　　…　製造業では【常時 300 人以上】を従事させる場合は総括安全衛生管理者の選任が必要である

(2)正しい　　…　常時使用労働者数が 500 人を超える事業場で「多量の高熱物体を取り扱う業務」に従事する労働者数が 30 人以上の場合は衛生管理者のうち 1 名は衛生工学衛生管理理者を選任しなければならない

(3)正しい　　…　常時使用労働者数が 500 人を超える事業場で「有害業務」に常時 30 人以上の労働者を従事させるときは衛生管理者の内，少なくとも 1 名は「専任」にしなくてはならない

(4)誤っている…　「多量の高熱物体を取り扱う業務」「深夜業」等の有害業務を取り扱う常時使用労働者数が 500 人を超える事業場では専属の産業医を選任しなければならない

(5)正しい　　…　特定化学物質を製造，取り扱う作業では「特定化学物質作業主任者」を選任しなければならない

問題 2　**解答 (4)**

問題 3　**解答 (2)**

(1)第一類物質 7 種に【クロム酸及びその塩】は含まれない

(2)正しい

(3)外付け式フードではなく「囲い式フード」の局所排気装置又はプッシュプル型換気装置を設けなければならない

(4)「評価の記録」の保存は含まれない

(5)特定化学物質のうち特別管理物質は，特定化学物質健康診断個人票を 30 年保存する必要がある

問題 4　**解答 (3)**

(3)違反…0.4m/s の制御風速で局所排気装置で設置可能なのは【囲い式フード】の局所排気装置である

問題 5　**解答 (4)**

問題6　**解答**　(1)

(1)第一種酸素欠乏危険作業を行う作業場については，その日の【作業を開始する前に】，当該作業場における空気中の酸素の濃度を測定しなければならない

問題7　**解答**　(1)

(1)特定化学設備（特定化学物質のうち第2類物質，第3類物質を取り扱う設備）は【2年】以内ごとに1回行う

問題8　**解答**　(1)

問題9　**解答**　(2)

問題10　**解答**　(3)

(3)年齢により重量制限が異なるが20kg以上の重量物は全ての女性で禁止

問題11　**解答**　(2)

A…「作業管理」である　　B…「作業環境管理」である
C…「作業管理」である　　D…「作業環境管理」である
E…「健康管理」である
よって正解は(2) A,C

問題12　**解答**　(3)

(3)確定的影響ではなく「確率的影響」に分類される

問題13　**解答**　(3)

(1)有機溶剤の蒸気は空気より「重い」
(2)有機溶剤は呼吸器から吸収されやすいが，皮膚から吸収される場合もある
(3)正しい
(4)メタノールは「視覚障害」を引き起こすことで知られている
(5)ノルマルヘキサンは「多発性神経炎」を引き起こすことで知られている

問題14　**解答**　(1)

(1)正しい
(2)ベリリウム中毒ではアレルギー皮膚炎，激しい肺炎などの症状がみられる
(3)マンガン中毒では筋肉のこわばり，ふるえなどの症状がみられる
(4)クロム中毒では鼻中隔穿孔，皮膚炎などの症状がみられる
(5)金属水銀中毒では脳疾患，手のふるえ，精神症状（感情不安定等）などの症状がみられる

問題 15　**解答**　(5)

(5)二硫化炭素は，常温・常圧では「蒸気」である

問題 16　**解答**　(1)

(1)正しい

(2)熱虚脱は熱失神とも言われ，脳の血量が「不足」した時に起こる

(3)金属熱は，金属の溶融作業などで亜鉛，銅などのヒュームを吸入したとき発生し，悪寒，発熱，関節痛などの症状がみられる

(4)凍瘡は，日常生活内での軽度の寒冷により発生するもので，凍結壊死は伴わない

(5)減圧症は酸素だけではなく窒素が気泡化することによって起こる

問題 17　**解答**　(1)

(1)一酸化炭素中毒では，息切れ，頭痛から始まり，虚脱や意識混濁が見られる

問題 18　**解答**　(4)

(1)その断面積を【小さく】するほどダクトの圧力損失が増大する

(2)フランジがあるとないときに比べ，【少ない】排気量で大きな制御風速が得られ効果的である

(3)ドラフトチェンバー型フードは【囲い式フード】に分類される

(4)正しい

(5)排風機は，空気清浄装置の【後の】清浄空気が通る位置に設置する

問題 19　**解答**　(5)

(5) A 測定の第一評価値は，第二評価値より常に【大きい】

問題 20　**解答**　(4)

(1)使い捨てではなく，ろ過材取替え可能（簡単な手入れで捕集効率が復元できる）なものが良い

(2)防じんマスクは面体の接顔部にすきまを作らないために間に何も入れてはいけない

(3)2種類の有害ガスが混在している場合にはそれぞれのガスに適した吸収缶を使用する

(4)正しい

(5)一酸化炭素用の吸収缶は「赤」である

関係法令（有害業務に係るもの以外のもの）

問題 21　**解答**　(2)

(2)衛生管理者の業務に，事業者に対する【勧告】は含まれていない。勧告できるのは産業医である

問題 22　**解答**　(4)

(1)衛生委員会の議長は，衛生管理者である必要はない
(2)衛生委員会の議長を除く【全委員】ではなく【半数の委員】である
(3)事業場に専属でない産業医を指名することはできる
(4)正しい
(5)重要な議事に係る記録を作成して【３年間】保存しなければならない

問題 23　**解答**　(5)

(5)「雇入時」の健康診断結果は報告不要である

問題 24　**解答**　(4)

(1)労働者１人当たりの気積は【10m^{3}以上】必要である
(2)常時使用女性労働者数 30 人以上の事業場では，【男女別】にそれぞれ臥床することのできる休養室を設ける必要がある
(3)炊事従業員専用の【休憩室】を設ける必要がある
(4)正しい
(5)換気装置を設けていない場合は【20 分の１】以上の窓その他開口部の直接外気に向かって解放することが出来る部分の面積が必要である

問題 25　**解答**　(1)

(1)【雇入時】の健康診断は，年齢にかかわらず省略項目はない

問題 26　**解答**　(1)

(1)育児時間は「生後満１年に達しない」生児を育てる女性労働者に与えられる

問題 27　**解答**　(5)

(5)妊産婦が請求した場合は，管理監督者等も【含み】深夜業をさせてはならない

問題 28　**解答**　(3)

(3)口対口人工呼吸は，【１秒】に１回の吹込みで行う

問題 29　**解答**　(4)

(4)４つのケアとは①セルフケア，②ラインによるケア，【③事業場内産業保健ス

タッフによるケア】，④事業場外資源によるケア」をいい「家族によるケア」は含まれない

問題 30　**解答**　(4)

(4)次の連続作業までの間に【10〜15 分】の作業休止時間を設け，かつ，一連続作業時間内において１〜２回程度の小休止を設けるようにする

問題 31　**解答**　(5)

(5)「心筋梗塞」と「狭心症」の記載が逆である

問題 32　**解答**　(4)

(4)止血帯を施した後，医師に引き継ぐまでに時間がかかる場合は【30 分ごと】に止血帯を緩めて血流の再開を図る

問題 33　**解答**　(2)

(2)柔軟性は「立位体前屈」で測定する。上体起こしは筋持続力の測定に使う

問題 34　**解答**　(4)

(4)腸炎ビブリオ菌による食中毒は「感染型」食中毒である

労働生理

問題 35　**解答**　(1)

(1)血液の容積に対する「赤血球」の相対的容積をヘマトクリットといい，男性が約 45%，　女性が約 40%である

問題 36　**解答**　(5)

(5)身体活動中は，血液中の「【二酸化炭素】分圧」の上昇により呼吸中枢が刺激される

問題 37　**解答**　(3)

(1)肺循環では，右心室から「肺【動】脈」を経て肺の毛細血管に入り，肺静脈を通って左心房に戻る血液の循環である
(2)心臓は，心臓の中にある「洞結節（洞房結節）」で発生した刺激が刺激伝導系を介して心筋に伝わることにより，規則正しく収縮と拡張を繰り返す
(3)正しい
(4)大動脈を流れる血液は動脈血であるが，肺動脈を流れる血液は「【静】脈血」である
(5)高血圧の状態が続くと，血管壁は「厚くなっていく」

問題 38　**解答**　(5)

(5)胆汁はアルカリ性で，消化酵素を含まない含まないが食物中の脂肪を乳化させ，脂肪分解の働きを助ける

問題 39　**解答**　(2)

(2)大脳の【皮質】の記載である（大脳髄質は白質）

問題 40　**解答**　(5)

(5)腎臓の機能が低下すると血液中の尿素窒素（BUN）の値は「高くなる」

問題 41　**解答**　(5)

(1)心筋は横紋筋であるが，意志で動かすことはできない
(2)筋肉の縮む速さが「適当なとき」に仕事の効率が大きくなる
(3)荷物を持ち上げたり，屈伸運動をする時は「等【張】性収縮」が生じている
(4)強い力を必要とする運動を続けていると「筋線維が太くなり」筋力が増強する
(5)正しい

問題 42　**解答**　(2)

(2)典型的なストレス反応として，副腎皮質ホルモンの分泌の【亢進（増加)】がある

問題 43　**解答**　(1)

(1)正しい
(2)外部環境が変化しても身体内部の状態を一定に保つ生体の仕組みを「生体恒常性（ホメオスタシス)」という
(3)外気が寒い場合，血管は「収縮して血液量を減らし」血液を冷やされないようにして体温を温存する
(4)不感蒸泄とは，発汗はせず，意識されずに皮膚や呼吸器からの水分が蒸発する状態をいう
(5)特に手足からの発汗が多いのは精神性発汗である

問題 44　**解答**　(1)

(1)正しい
(2)アドレナリンは，血糖値を「上昇」させる
(3)パラソルモンは「カルシウム量の増加」を行う
(4)メラトニンは「睡眠と覚醒のリズムの調節」を行う
(5)ガストリンは胃酸の分泌を「促進する」

著者略歴

二見 哲史（ふたみ さとし）

通信教育のSAT株式会社代表取締役。元中高の教諭。教材作りが大好きで，自身も様々な資格を取得するために教材を購入したが，分かりにくい講義ばかりに不満が募りSAT株式会社を立ち上げるに至る。
特に現場系・技術系の教材の高品質化を進めており，全国の優れた講師陣を発掘し，「すべての人に最高の教材を提供する」ことをミッションとしている。

SAT株式会社
https://www.sat-co.info/

※当社ホームページ http://www.kobunsha.org/ では，書籍に関する様々な情報（法改正や正誤表等）を掲載し，随時更新しております。ご利用できる方はどうぞご覧ください。正誤表がない場合，あるいはお気づきの箇所の掲載がない場合は，下記の要領にてお問い合わせください。

**猫でもわかる
第1種衛生管理者　合格テキスト＋問題集**

著　　者　二見哲史
印刷・製本　亜細亜印刷㈱

発行所　株式会社　弘文社
〒546-0012 大阪市東住吉区中野2丁目1番27号
☎ (06) 6797－7441
FAX (06) 6702－4732
振替口座 00940－2－43630
東住吉郵便局私書箱1号

代表者　岡﨑　靖

ご注意
（1）本書は内容について万全を期して作成いたしましたが，万一ご不審な点や誤り，記載漏れなどお気づきのことがありましたら，当社編集部まで書面にてお問い合わせください。その際は，具体的なお問い合わせ内容と，ご氏名，ご住所，お電話番号を明記の上，FAX，電子メール（henshu2@kobunsha.org）または郵送にてお送りください。お電話でのお問い合わせはお受けしておりません。
（2）本書の内容に関して適用した結果の影響については，上項にかかわらず責任を負いかねる場合がありますので予めご了承ください。
（3）落丁・乱丁本はお取り替えいたします。